Love to cook

Kochen mit Ravinder Bhogal

Love to cook

Kochen mit Ravinder Bhogal

Fotos von Jason Lowe

CHRISTIAN

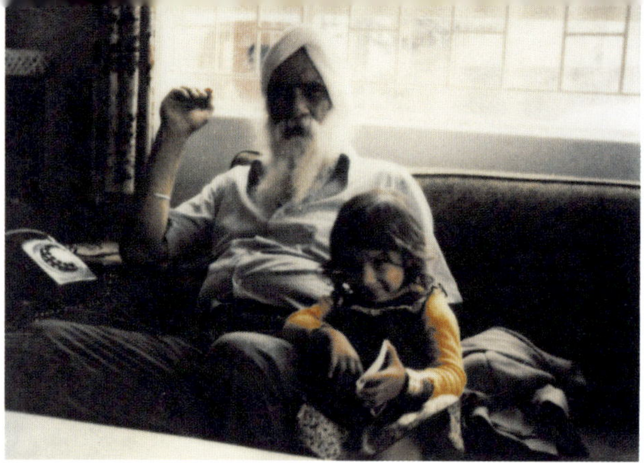

Für meinen Großvater – danke – dein Segen begleitet uns auf allen Wegen, und für meine Mutter, die mir die denkbar beste Erziehung gab.

Unser Verlagsprogramm finden Sie unter www.christian-verlag.de

Übersetzung aus dem Englischen: Helmut Ertl
Textredaktion: Anja Ashauer-Schupp
Korrektur: Julia Kaufhold
Satz: Wigel, München
Umschlaggestaltung: Caroline Daphne Georgiadis, Daphne Design

Die Originalausgabe mit dem Titel *Cook in Boots* wurde erstmals 2009 im Verlag HarperCollinsPublishers, London, veröffentlicht.

Die Deutsche Nationalbibliothek verzeichnet diese Publikation in der Deutschen Nationalbibliografie; detaillierte bibliografische Daten sind im Internet über http://dnb.d-nb.de abrufbar.

Gesamtherstellung GeraNova Bruckmann Verlagshaus GmbH

ISBN 978-3-88472-893-2

Christian Verlag
Postfach 400209
80702 München
E-Mail: lektorat@verlagshaus.de

Inhalt

Kapitel zwei

Kapitel drei

Kapitel vier

Kapitel fünf

Kapitel sechs

Kapitel sieben

Ein paar Hinweise vorweg

Würzen Sie mit Meersalz und frisch gemahlenem schwarzem Pfeffer, wenn nicht anders angegeben.

Verwenden Sie große Eier, vorzugsweise aus Freiland- oder Biohaltung. Schwangere sollten Rezepte mit Rohei meiden.

Verwenden Sie ausschließlich die Schale von unbehandelten Zitrusfrüchten.

Kaufen Sie Fleisch und Geflügel aus artgerechter bzw. biologischer Haltung.

Bevorzugen Sie Fisch aus nachhaltig bewirtschafteten Beständen. Informationen finden Sie unter www.fischinfo.de und www.msc.org/de oder erkundigen Sie sich bei Ihrem Fischhändler nach Alternativen für stark dezimierte Arten.

FRITTIEREN

1. Verwenden Sie Öl mit einem hohen Rauchpunkt wie Erdnuss- oder Sonnenblumenöl.
2. Öl und Wasser vertragen sich nicht, daher sollte das Frittiergut möglichst trocken sein, andernfalls besteht Spritzgefahr.
3. Füllen Sie ausreichend Öl in das Gargefäß, die Speisen sollten schwimmend gegart werden und den Topfboden nicht berühren.
4. Das Öl hat die richtige Temperatur erreicht, wenn ein Brotwürfel darin innerhalb von einer Minute braun wird.
5. Geben Sie nicht zu viele Speisen auf einmal hinein, sonst sinkt die Temperatur des Öls zu stark ab.

Einführung

Was ich gern esse? Alles. Jederzeit.

Ich bin keine gelernte Köchin, nur eine begeisterte Küchenfee und eine ganz schön gefräßige dazu. Meine Rezepte sind nicht das Resultat jahrelanger schweißtreibender Arbeit am heißen Herd, sondern aus der Not geboren, meinen unbändigen Appetit zu stillen. Ständig ertappe ich mich dabei, wie ich selbstvergessen in kulinarischen Fantasien schwelge. Ob ich von einem duftenden Curry, gespickt mit leuchtend grünem Koriander träume oder von einem Fruchtcocktail mit Gelee, das funkelt wie die Kronjuwelen, meine essbaren Luftschlösser machen mir andauernd den Mund wässrig – also muss ich kochen.

Ich gebe nichts auf angesagte Gourmettrends oder das Bärlauchrezept des Monats – was ich koche, wird von meiner Stimmungslage diktiert. Wenn es mir schlecht geht, ist mir nichts lieber als eine große Schale Hühnersuppe mit Nudeln, und wenn ich einen Korb kriege, muss zum Trost ganz schnell eine doppelte Portion Schokoladenpudding her.

Wir Frauen, sonderbare, einfühlsame, flatterhafte und intuitive Wesen, die wir sind, brauchen nun mal ein Buch, das uns in den schwankenden Gemütslagen des Alltags zur Seite steht. Wenn uns schon der Mann – oder die Frau – unseres Herzens nicht versteht, sollten wir wenigstens zwischen zwei Buchdeckeln Zuspruch finden, in einem Werk, das auf jeden Appetit eine Antwort hat und dem wir alle Gelüste anvertrauen können!

All das kann dieses Buch; es weiß nicht nur einen grummelnden Magen zu besänftigen, sondern auch die Bedürfnisse von Herz und Seele zu befriedigen. Denn seien wir doch mal ehrlich – das Schokoladeneis mit Sahne, das wir uns ab und zu gönnen, ist ja wohl weniger Brot- als Streicheleinheit.

Love to cook bietet in zwölf Kapiteln Erste Hilfe in allen Lebenslagen, in denen wir sie dringend nötig haben. Vom praktischen Ratgeber – schmackhaft kochen für den schmalen Geldbeutel oder wie man einen ausgewachsenen Kater zum Schweigen bringt – schlüpft es mühelos in die Rolle des mitfühlenden Ersatzpartners und Komplizen beim kulinarischen Sündenfall. Welches Verlangen Sie auch immer überkommt, in diesem Buch finden Sie das passende Rezept. Insgesamt sind es mehr als 150, also verlieren Sie keine Zeit oder sehen Sie sich einfach an den Bildern satt.

KAPITEL EINS

Brot, Pasta & Kartoffeln

Schluss mit brotlos

Sears, Glyx, Kohlsuppe gegen Kohldampf – wenn Sie den Jo-Jo-Effekt schon mal leidvoll am eigenen Leib erfahren haben, werden Sie vermutlich mit mindestens einer dieser Diäten vertraut sein – am ehesten wohl mit der kohlenhydratarmen Atkins-Diät. Keine Pasta, keine Fritten, kein Kuchen, nicht einmal ein klitzekleiner Krümel vom Schinkensandwich Ihres Herzblatts. Eifersüchtig? Und ob, vor allem auf die Leute am Nebentisch, die gerade den Brotkorb leer räumen.

Nur zu gut erinnere ich mich noch an das triumphale Gefühl, als es zu wirken begann. Die knallenge Jeans aus schlanken Zeiten, nur einmal getragen – plötzlich passt sie wieder ohne das leidige Ziehen und Zerren rund um das Hüftgold. Wie durch Magie schmilzt der kleine Pirelli zu einer zarten Wespentaille zusammen und Ihre Beine sehen in dem Minikleid von Marni so hinreißend aus, dass Sie Ihren Änderungsschneider in einem Anfall von Übermut bitten, es noch einen Tick kürzer zu machen.

Doch wie kann man über die finsteren Tage von Atkins reden, ohne die Qualen der Entbehrungen zu erwähnen: Magenkrämpfe, Herzrasen, unerklärliche Stimmungswechsel und zitternde Knie beim bloßen Anblick einer einfachen Käsestulle.

Vor einigen Jahren wurde ich rückfällig, zum Glück, und mag ich heute auch das eine oder andere Kilo mehr wiegen, immerhin kann ich wieder einen Bagel genießen, ohne von Gewissensbissen geplagt zu werden. Tun Sie sich den Gefallen, greifen Sie zur Gabel und gönnen Sie sich einen Teller Nudeln. Kommen Sie zurück in die Welt des richtigen Essens. Hier wartet manch leckere Entdeckung!

PANZANELLA MIT GEGRILLTEN ZUCCHINI & BÜFFELMOZZARELLA

Wer die Atkins-Diät satt hat, muss ja nicht gleich in einen rasenden Sandwichrausch verfallen, doch sind zumindest die Croûtons kein Tabu mehr.

Bei diesem Salat ist das Brot nicht nur Garnitur, sondern die Hauptsache. Er ist die Lösung, wenn noch ein paar altbackene Scheiben im Brotkasten liegen, und ideal für ein Picknick. Zugegeben, mir dient er oft als Vorwand, Unmengen von Brot zu verdrücken, gut getarnt als gesunde Kost.

Das Brot, die Zwiebel, die Tomaten, die Kapern, das Basilikum und den Mozzarella in einer großen Salatschüssel vermengen.

In einer kleinen Schüssel das Olivenöl, die Chiliflocken und den Zucker verrühren und die Zucchinischeiben damit einreiben. Eine Grill- oder Bratpfanne sehr heiß werden lassen und die Zucchinischeiben nebeneinander einlegen. Sobald sie weich und von beiden Seiten gebräunt sind, unter den Salat mengen.

Sämtliche Zutaten für das Dressing verrühren und 1 Stunde vor dem Servieren über den Salat gießen. Das Brot soll einen Teil der Sauce aufnehmen, jedoch nicht durchweichen.

FÜR 4 PERSONEN

1 kleines Ciabattabrot vom Vortag, in mundgerechte Stücke gezupft
1 rote Zwiebel, in schmale Spalten geschnitten
3 vollreife Tomaten, in je 8 Spalten geschnitten
2 TL Kapern
1 Handvoll Basilikumblätter, zerpflückt
125 g Büffelmozzarella, in mundgerechte Stücke zerteilt
1 EL Olivenöl
1/2 TL Chiliflocken
1 TL Zucker
2 Zucchini, geputzt und längs in dünne Scheiben geschnitten

Für das Dressing

4 EL natives Olivenöl extra
2 EL Rotweinessig
1 TL Zucker
Meersalz und frisch gemahlener schwarzer Pfeffer

KURZ NOTIERT

Falls Sie kein Zucchinifan sind, versuchen Sie es mit gegrilltem Radicchio oder Fenchel.

KRABBEN-KARTOFFEL-SALAT MIT BRUNNENKRESSE

Eine Schüssel von diesem Salat ist ein schöner Vorbote des Sommers.

FÜR 4 PERSONEN

500 g neue Kartoffeln (z. B. Jersey Royal), abgebürstet
2 Handvoll Brunnenkresse
300 g Crème fraîche
Saft von 1 großen Limette
2 gehäufte EL Kapern, abgetropft
2 gehäufte EL gehackte glatte Petersilie
1/2 TL Cayennepfeffer
Meersalz und frisch gemahlener schwarzer Pfeffer
200 g frisch gegartes Krabbenfleisch

Der Salat schmeckt besonders gut im Frühling, wenn die ersten Jersey-Royal-Kartoffeln auftauchen. Natürlich können Sie jede neue Kartoffel nehmen, doch die makellos wie polierte Kieselsteine geformten Jerseys machen sich besonders gut zu dem süßlichen Krabbenfleisch.

Die Kartoffeln in reichlich kochendem Salzwasser garen, bis sie weich sind. Abtropfen lassen, in mundgerechte Stücke schneiden und mit der Brunnenkresse in eine Schüssel geben – durch die Resthitze der Kartoffeln fällt die Kresse etwas zusammen.

In einer weiteren Schüssel die Crème fraîche, den Limettensaft, die Kapern, die Petersilie und die Gewürze verrühren; dies ist das Dressing.

Sobald die Kartoffeln kalt sind, die saftigen Stückchen Krabbenfleisch zugeben und mit dem Sahnedressing übergießen. Den Salat gut durchheben und entweder sofort mit einem eisgekühlten und wohlverdienten Glas Sekt genießen oder für später in den Kühlschrank stellen.

KURZ NOTIERT

Jersey Royal ist eine kleine, empfindliche Kartoffelsorte, die man leicht übergart. Diese Menge sollte 8–10 Minuten benötigen, aber seien Sie vorsichtig, es wäre schade, wenn sie zu lange garen.

Gegartes Krabbenfleisch bekommen Sie im Feinkosthandel und natürlich bei Ihrem Fischhändler. Ich kaufe es am liebsten bei den traditionellen Fischbuden vor unseren Pubs. Sie wissen schon, diese Stände, die von Aal in Aspik bis zu Herzmuscheln in Malzessig so ziemlich alles anbieten. Sie werden immer seltener, dabei sind sie eine wirklich liebenswerte britische Tradition, die man unbedingt bewahren sollte. Geöffnet haben sie von Donnerstag bis Sonntag, die Ware ist also frisch und erfahrungsgemäß sind auch die Preise fair.

FATOUSCH

Ein einziger Bissen des knusprig gebratenen Fladenbrots genügte und ich war süchtig nach dem würzigen Sumach.

In meiner Studienzeit landete ich am Ende unserer abendlichen Streifzüge oft in einem libanesischen Restaurant, um die nächtlichen Hungerattacken zu bekämpfen. Dort aß ich zum ersten Mal Fatousch. Heute mache ich wenigstens einmal die Woche diesen erfrischenden Salat, schon weil ich ungern etwas wegwerfe und das gilt auch für altbackenes Pitabrot.

FÜR 4 PERSONEN

1 Romanasalat, zerpflückt, plus einige Blätter zum Servieren
1 Salatgurke, längs geviertelt und dann gewürfelt
3 große Tomaten, in je 8 Spalten geschnitten
1 Bund glatte Petersilie, gehackt
1 Bund frische Minze, gehackt
½ grüne Paprikaschote, von Samen befreit und in feine Streifen geschnitten
15 Radieschen, in dünne Scheiben geschnitten
1 Knoblauchzehe, fein gehackt
2 kleine Fladen- oder Pitabrote
2 EL Olivenöl
8 EL natives Olivenöl extra
Saft von 1 Zitrone
1 TL Sumach (siehe unten)
Meersalz und frisch gemahlener schwarzer Pfeffer

Den Salat, die Gurke, die Tomaten, die Petersilie, die Minze, die Paprika, die Radieschen und den Knoblauch in einer Schüssel vermengen. Das Brot in mundgerechte Stücke zerteilen – das geht am schnellsten mit einer Küchenschere.

Die zwei Esslöffel Olivenöl in einer Pfanne erhitzen, das Brot portionsweise darin goldbraun und knusprig braten und auf Küchenpapier abtropfen lassen. Den Salat mit dem nativen Olivenöl extra und dem Zitronensaft anmachen und mit dem Sumach sowie Salz und Pfeffer würzen. Zuletzt die knusprigen Brotwürfel zugeben und alles noch einmal gut vermischen. Den Salat mit einigen Extrablättchen Romanasalat auf Teller häufen und servieren.

KURZ NOTIERT

Sumach ist ein rötliches Gewürz, das aus den getrockneten Beeren des Gerbersumachs gewonnen wird und ein säuerlich-bitteres Aroma hat. Sie bekommen es im nahöstlichen Lebensmittelhandel und beim Türken. Sollten Sie nicht fündig werden, können Sie es auch im Online-Gewürzhandel bestellen.

Für eine sättigendere Variante können Sie vor dem Servieren noch Feta über den Salat bröckeln.

SÜSSKARTOFFELSALAT MIT KORIANDERGRÜN, CHILIDRESSING UND LIMETTENSAFT

Ich serviere diesen Salat am liebsten auf einem großen blauen Teller, weil die leuchtfeuerroten Süßkartoffeln darauf besonders hübsch aussehen.

FÜR 4–6 PERSONEN

3 längliche orangefleischige große Süßkartoffeln, geschält und in 1 cm dicke Scheiben geschnitten
6 EL süße Chilisauce
1 mittelgroße rote Zwiebel, ganz fein gehackt (geben Sie acht auf Ihre Finger!)
3 gehäufte EL gehacktes Koriandergrün
Saft von 1 reifen Limette

Dieser farbenprächtige Salat schmeichelt dem Auge genauso wie dem Gaumen und schmeckt als eigenständiges Gericht ebenso gut wie zu gegrilltem Fisch oder Fleisch. Er kostet weder Zeit noch Mühe und je länger man ihn durchziehen lässt, desto besser wird er. Ich mache immer gleich ein bisschen mehr und verputze den Rest am nächsten Tag direkt aus dem Kühlschrank.

Die Kartoffeln 10–15 Minuten dämpfen, bis sie gar sind, aber noch etwas Biss haben. Auf einer Platte anrichten und gleichmäßig mit der süßen Chilisauce übergießen. Die Zwiebel und das Koriandergrün darüber verteilen und mit einem großzügigen Spritzer Limettensaft abrunden. Sie können den Salat sofort servieren, noch besser schmeckt er jedoch, wenn man ihn einige Stunden durchziehen lässt und die Kartoffeln sämtliche Aromen aufgesogen haben – Geduld ist eine Tugend, die sich auszahlt!

KURZ NOTIERT

Man sollte die Süßkartoffeln auf keinen Fall kochen, weil sie dabei leicht zerfallen. Die beste Garmethode ist Dämpfen, doch können Sie das Gemüse zur Not auch mit Schale in der Mikrowelle garen – 5 Minuten auf höchster Stufe genügen.

FRITTIERTER MANIOK MIT CHILISALZ, KORIANDERGRÜN & LIMETTENSAFT

Dieses kinderleichte Gericht ist schnell aus dem Ärmel gezaubert, wenn Freunde zum Abendessen kommen.

FÜR 6 PERSONEN

2 große Maniokwurzeln, geschält und in dicke Spalten geschnitten
Erdnussöl zum Frittieren
1 rote Zwiebel, ganz fein gewürfelt
1 Handvoll Koriandergrün, gehackt
1 TL Zucker
Meersalz
½ TL Chiliflocken
Saft von 1 großen Limette

Maniok, Yuca oder Kassava, wie das Gemüse auch genannt wird, ist eine stärkehaltige Wurzel und ein guter Energielieferant. In Afrika, wo ich aufgewachsen bin, ist Maniok in aller Munde. Die eigenartig geformten Knollen mit ihrer wächsernen braunen Schale lassen sich praktisch genauso zubereiten wie Kartoffeln. Gebraten können sie es sogar locker mit der guten alten Bratkartoffel aufnehmen.

Den Maniok in reichlich kochendem Salzwasser garen, bis er weich ist – das dauert etwa 25 Minuten. Abtropfen lassen und in etwa zwei Zentimeter große Würfel schneiden.

Das Erdnussöl in einer Fritteuse oder einem hohen Topf erhitzen. Die Maniokwürfel in kleinen Portionen (damit das Öl nicht zu stark abkühlt) hineingeben und goldbraun und knusprig frittieren. Auf Küchenpapier abtropfen lassen.

Die Maniokwürfel mit der Zwiebel und dem Koriandergrün in einer Schüssel vermengen. Den Zucker, einen Teelöffel Salz und die Chiliflocken im Mörser zermahlen. Das Gemüse mit dem Chilisalz bestreuen und mit reichlich Limettensaft beträufeln. Gut durchheben und warm oder kalt servieren.

KURZ NOTIERT

Für eine problemzonenfreundliche Version heizen Sie den Ofen auf 200 °C vor, reiben die Maniokspalten mit Olivenöl ein und backen sie 30 Minuten, bis sie rundherum goldbraun sind. Anschließend wie beschrieben weiterverarbeiten.

Maniok gibt es praktisch in jedem indischen oder afrikanischen Supermarkt. Achten Sie darauf, dass sich die Knollen fest anfühlen und keine Flecken haben. Auch in der Tiefkühlabteilung ist das Gemüse zu finden, fertig geschält und vorgegart.

RÄUCHERLACHSBAGEL MIT MEERRETTICH & ROTER BETE

Der feurige Kuss des Meerrettichs mit dem salzigen Raucharoma des Lachses und der frischen Säure der Roten Bete machen diesen Bagel zu einem echten Volltreffer.

Räucherlachs und Frischkäse sind ein Klassiker, doch manchmal ist mir nach dem besonderen Kick, und den bekomme ich hier.

Hier geht es weniger ums Kochen als ums Zusammenbauen. Die Bagels aufschneiden und toasten. Den Sauerrahm mit dem Meerrettich verrühren und mit Pfeffer würzen. Sämtliche Bagelhälften großzügig mit der Creme bestreichen und mit Brunnenkresse belegen. Den Lachs darüber drapieren und mit der Roten Bete garnieren. Noch etwas Pfeffer und einen Spritzer Zitrone darüber und genießen!

FÜR 2 PERSONEN

2 Bagels
2 gehäufte EL Sauerrahm
1 gehäufter EL Meerrettichsauce (ersatzweise Sahnemeerrettich nach Geschmack)
Frisch gemahlener schwarzer Pfeffer
1 Handvoll Brunnenkresse
6 Scheiben Räucherlachs
2 kleine gegarte, vakuumverpackte (nicht in Essig) Rote Beten, in Scheiben geschnitten
Saft von ½ Zitrone

HALLOUMI-TOMATEN-SANDWICH MIT BALSAMICO

Er ist salzig, blass und quietscht zwischen den Zähnen, aber ich liebe Halloumi.

FÜR 2 PERSONEN

4–6 Rispentomaten, längs halbiert
Olivenöl und Balsamicocreme zum Beträufeln
4 Knoblauchzehen, davon 3 gehackt und 1 ganz gelassen
3 Zweige Thymian, Blättchen abgezupft und gehackt
1 TL getrockneter Oregano
2 TL Zucker
Meersalz und frisch gemahlener schwarzer Pfeffer
200 g Halloumi, in Scheiben geschnitten
4 dicke Scheiben Ciabatta
2 EL gehackte glatte Petersilie

Was diesen Käse von allen anderen unterscheidet, ist, dass er beim Braten oder Grillen die Form bewahrt, perfekt für dieses Sandwich. Sein leicht salziges Aroma harmoniert besonders gut mit dem intensiven süßsäuerlichen Geschmack reifer gegrillter Tomaten.

Den Grill auf mittlerer Stufe vorheizen. Die Tomaten mit etwas Olivenöl und einem Esslöffel Balsamicocreme beträufeln. Mit dem gehackten Knoblauch, dem Thymian, dem Oregano und dem Zucker bestreuen. Mit Salz und Pfeffer würzen und 10 Minuten grillen, bis die Tomaten karamellisiert und aufgeplatzt, jedoch nicht zerfallen sind.

Eine Grillpfanne sehr heiß werden lassen. Die Halloumi-Scheiben darin von beiden Seiten braten, bis sie knusprig und mit »Zebrastreifen« markiert sind.

Die Brotscheiben von beiden Seiten mit der Knoblauchzehe einreiben, mit Olivenöl beträufeln und in der Pfanne goldbraun und knusprig rösten.

Das Ciabatta zuerst mit dem Halloumi, dann mit den Tomaten belegen und mit etwas Petersilie garnieren. Noch ein wenig Olivenöl und Balsamico darüberträufeln und servieren.

KURZ NOTIERT

Bei Halloumi gibt es große Qualitätsunterschiede. Halten Sie nach einem Käse aus Ziegen- oder Schafsmilch aus traditioneller Handarbeit Ausschau. Er schmeckt ungleich besser als ein Massenprodukt aus Kuhmilch.

PAPRIKAGARNELEN AUF SAUERTEIGTOAST MIT RUCOLA

Ich liebe diese Verbindung von saftigen Garnelen und dem würzigen Raucharoma des Paprikas, dessen kräftige Note von dem Sauerrahm etwas gebändigt wird.

Der Toast dient hier vor allem einem Zweck: Er saugt jeden Tropfen des würzigen Garnelensaftes auf, sodass kein bisschen Geschmack auf der Strecke bleibt.

Das Olivenöl und den Knoblauch in einer Pfanne erhitzen. Sobald der Knoblauch Farbe zu nehmen beginnt, das Paprikapulver zugeben. Nach 1 Minute die Garnelen einlegen und mit Salz und Pfeffer würzen. Sobald sie sich pink färben, den Weinbrand zugießen und flambieren. Zuletzt die Crème fraîche unterrühren, gut erhitzen und die Petersilie einstreuen. Die Toasts mit den Garnelen und dem Rucola belegen und servieren.

FÜR 2 PERSONEN

1 EL Olivenöl
2 Knoblauchzehen, gehackt
1 TL geräuchertes Paprikapulver
16 rohe Riesengarnelen, geschält und von den Därmen befreit
Meersalz und frisch gemahlener schwarzer Pfeffer
1 EL Weinbrand
30 g Crème fraîche
1 EL gehackte glatte Petersilie
2 Scheiben Sauerteigtoast
1 Handvoll Rucola zum Servieren

BRUSCHETTA MIT GEGRILLTEN SARDINEN, TOMATEN & BASILIKUM

Ich liebe Sardinen – es gibt sie im Überfluss, sie sind preiswert, gesund und im Handumdrehen zubereitet.

Wie hier mit aromatischem Basilikum, frischer Zitrone und reifen Tomaten serviert, erinnern mich Sardinen immer an endlose Mittagessen am Meer und versetzen mich jedes Mal in Urlaubsstimmung, ohne einen einzigen Flugkilometer zurückzulegen. Bitten Sie den Fischhändler, die Fische zu säubern, es sei denn Sie wollen es selbst versuchen: Einfach den Kopf abtrennen, den Bauch aufschneiden, die Eingeweide herausziehen und gründlich ausspülen.

FÜR 2 PERSONEN

4 kleine Sardinen, ausgenommen, Köpfe nach Belieben entfernt
Olivenöl
Meersalz und frisch gemahlener schwarzer Pfeffer
2 große Scheiben Ciabatta
1 Knoblauchzehe
2 Rispentomaten, in Scheiben geschnitten
Einige Basilikumblätter, zerpflückt

Für das Dressing

½ rote Zwiebel, in feine Ringe geschnitten
2 EL Olivenöl
1 EL Balsamicoessig
1 EL Zitronensaft
1 TL getrockneter Oregano
Etwas Meersalz

Das Dressing 1 Stunde im Voraus zubereiten: Einfach die Zwiebel, das Olivenöl, den Balsamico, den Zitronensaft und den Oregano vermengen und leicht salzen. Die Säure lässt die Zwiebel weich und glasig werden, nimmt ihr die aggressive Schärfe und macht sie wunderbar mild und süßlich.

Eine Grill- oder Bratpfanne sehr heiß werden lassen. Die Sardinen mit etwas Olivenöl bestreichen und mit Salz und Pfeffer würzen. Das Brot mit dem Knoblauch einreiben und mit Olivenöl beträufeln. Die Fische und das Ciabatta in der Pfanne von jeder Seite 2 Minuten braten, bis alles gut gebräunt ist und die Sardinen gar sind.

Die Fische auf die Brote legen und mit den Tomaten bedecken. Das Dressing mit den Zwiebeln darauf verteilen, mit dem Basilikum garnieren und servieren.

KURZ NOTIERT

Für ein ultraschnelles, einfaches Abendessen ersetzen Sie die frischen Sardinen einfach durch Dosenware.

INDISCHE BURGER MIT CHILI-ANANAS-SALSA & MASALA-CHIPS

Dies ist eine fabelhafte Methode, einen in die Jahre gekommenen britischen Evergreen wieder aufleben zu lassen.

Ob Schweinefleisch mit Ananas für Sie die Hölle auf dem Teller oder schlicht Nostalgie ist, diesen konkurrenzlos guten Burger mit Koriander, Chili und indischen Gewürzen müssen Sie einfach probieren. Servieren Sie dazu eine frische Ananas-Salsa und ein paar Masala-Kartoffelchips mit dem verzehrenden Feuer von Chili und der milden Süße von Palmzucker. Falls Sie keinen Palmzucker bekommen, greifen Sie zu braunem Zucker.

FÜR 6 PERSONEN

Für die Burger

3 dicke Knoblauchzehen, grob gehackt
1 daumengroßes Stück Ingwer, geschält und grob gehackt (siehe Kurz notiert Seite 32)
500 g mageres Schweinehackfleisch
1 kleine rote Zwiebel, fein gehackt
1 rote Chilischote (Samen entfernt, wenn Sie es nicht ganz so scharf mögen), fein gehackt
Je 1 TL Kreuzkümmel- und Koriandersamen, in der Pfanne geröstet und zermahlen
1 TL mildes Madras-Currypulver
Schale und Saft von 1 unbehandelten Zitrone
6 EL gehacktes Koriandergrün
1 Ei, verquirlt
Meersalz und frisch gemahlener schwarzer Pfeffer
Pflanzenöl zum Braten

Für die Ananas-Salsa

1 kleine Ananas
3 EL gehackte Minze
1 rote Chilischote (Samen entfernt, wenn Sie es nicht ganz so scharf mögen), fein gehackt
3 EL gehacktes Koriandergrün
Saft von ½ Limette
1 TL Mangopulver (*amchur*; siehe Kurz notiert Seite 32)

Für die Masala-Chips

6 vorwiegend festkochende Kartoffeln, geschält und in dicke Spalten geschnitten
100 g Palmzucker
3 EL Weißweinessig
Erdnussöl zum Frittieren (siehe Hinweis Seite 12)
2 EL Pflanzenöl
2 Knoblauchzehen, zerstoßen
2,5 cm Ingwer, geschält und fein gerieben
½ TL gemahlener Zimt
½ TL Chiliflocken

Zuerst die Burger zubereiten: Den Knoblauch und den Ingwer im Mixer zu einer feinen Paste zermahlen. Die Paste mit dem Schweinehack, der Zwiebel, dem Chili, dem Kreuzkümmel und Koriander, dem Currypulver, der Schale und dem Saft der Zitrone und dem Koriandergrün gründlich vermengen. Das Ei zur Bindung untermischen und die Masse etwa 30 Minuten stehen lassen, damit die Aromen durchziehen. Erst kurz vor dem Garen salzen, sonst ziehen die Zwiebeln Wasser und die Masse wird breiig.

Inzwischen die Salsa zubereiten: Die Ananas schälen, fein würfeln und mit der Minze, dem Chili und dem Koriandergrün vermengen – eine ungemein farbenprächtige Sauce und auch ihr Geschmack hat es in sich. Den Limettensaft hineinpressen, die Salsa würzen und sorgfältig mischen; zuletzt das Mangopulver darüberstreuen.

Die Kartoffelspalten unter kaltem Wasser abspülen, um einen Teil der Stärke auszuschwemmen, damit sie nicht kleben. In einem Küchentuch gründlich abtrocknen. Den Palmzucker in dem Essig einweichen und rühren, bis er sich mehr oder weniger aufgelöst hat. Die Kartoffeln müssen nicht vorgekocht werden – sie sollten noch relativ fest sein, wenn sie in die Zucker-Essig-Mischung kommen. In einer Fritteuse Erdnussöl erhitzen und die Kartoffeln portionsweise frittieren, bis sie goldbraun und durchgegart sind. Auf Küchenpapier abtropfen lassen.

In einer Bratpfanne etwas Pflanzenöl erhitzen und die Burger formen: Eine Handvoll der Masse zu einer Kugel rollen und dann flach drücken. Die Burger bei mittlerer Hitze von jeder Seite 4–5 Minuten braten, sodass sie durchgegart, aber noch saftig sind. Warm stellen.

In einer zweiten Pfanne oder einem Wok etwas Pflanzenöl erhitzen und den Knoblauch, Ingwer und Zimt anrösten, bis sie aromatisch duften. Die Zucker-Essig-Mischung zugießen und bei mittlerer Hitze goldgelb und sämig eindicken lassen. Die Chiliflocken kurz unterrühren, dann die Kartoffeln sorgfältig in der Sauce schwenken. Die Burger mit den Masala-Chips und der Salsa sofort servieren.

KURZ NOTIERT

Ich schäle Ingwer immer mit dem Rand eines Löffels – eher ein Schaben als ein Schälen –, da mit dem Sparschäler zu viel verloren geht.

Mangopulver *(amchur)* ist im indischen oder asiatischen Lebensmittelhandel erhältlich und sorgt für eine wunderbar zitrusfrische Note, wirkt jedoch subtiler als Zitronensaft.

SÜSSKARTOFFELKÜCHLEIN MIT KICHERERBSEN-RELISH

Dieses Gericht fällt in die Kategorie „chaat", eine indische Form der Tapas, die man häufig zum Tee isst, und was wörtlich übersetzt so viel wie „schlecken" bedeutet. Wenn ich daran denke, was ich jedes Mal mit meinem leeren Teller machen möchte, ist es eine treffende Bezeichnung.

In Indien werden diese Küchlein traditionell aus Kartoffeln zubereitet, aber ich liebe nun mal das süßliche Aroma der flammengelben Bataten in Verbindung mit der säuerlichen Tamarinde in dem Kichererbsen-Relish.

FÜR 6 PERSONEN

Für die Süßkartoffelküchlein

4 orangefleischige Süßkartoffeln, geschält und gewürfelt
4 Knoblauchzehen, zerstoßen
1 daumengroßes Stück Ingwer, geschält und gerieben
1 rote Zwiebel, fein gehackt
2 grüne Chilischoten (Samen entfernt, falls Sie es nicht so feurig mögen), fein gehackt
1 TL grob gemahlener gerösteter Kreuzkümmel
1 TL grob gemahlener gerösteter Koriander
6 EL gehacktes Koriandergrün
50 g Semmelbrösel
1 gehäufter EL Kichererbsenmehl
Erdnussöl zum Frittieren (siehe Hinweis Seite 12)
Meersalz und frisch gemahlener schwarzer Pfeffer
Saft von 1/2 Limette
Griechischer Joghurt zum Servieren

Für das Kichererbsen-Relish

1 EL Pflanzenöl
1 rote Zwiebel, in Streifen geschnitten
Meersalz nach Geschmack
1/2 TL Kreuzkümmelsamen
Samen von 4 grünen Kardamomkapseln, zerstoßen
1/2 TL zerstoßener schwarzer Pfeffer
1 EL Tomatenmark
3 EL Tamarindenpaste
50 ml Wasser
1 Dose (400 g) Kichererbsen, abgespült und abgetropft
1 Handvoll Koriandergrün, gehackt
1 Zimtstange, zerstoßen

Die Süßkartoffeln dämpfen, bis sie weich sind. Den Knoblauch, den Ingwer, die Zwiebel, den Chili und die Gewürze in einer Schüssel vermengen. Die Süßkartoffeln zugeben und mit einer Gabel zerdrücken. Das Koriandergrün, die Semmelbrösel und das Kichererbsenmehl mit den Händen gut unterarbeiten. Die Masse 30 Minuten kalt stellen, damit sie etwas fester wird.

Für das Relish das Pflanzenöl in einer Pfanne erhitzen, die Zwiebel mit einer Prise Salz hineingeben (so wird sie nicht braun) und behutsam anschwitzen, bis sie halb gar ist. Die Gewürze einrühren und anschwitzen, bis die Mischung einen aromatischen Duft verströmt – das dauert etwa 2 Minuten. Das Tomatenmark, die Tamarinde und das Wasser unterrühren. Dann die Kichererbsen sorgfältig in der Sauce wenden. Die Mischung 5 Minuten köcheln lassen, bis sie leicht eingedickt ist, dann das gehackte Koriandergrün hineinstreuen.

In einer Fritteuse Erdnussöl erhitzen. Die Süßkartoffelmasse salzen und pfeffern, den Limettensaft zugießen und gründlich untermischen. Esslöffelweise kleine flache Küchlein formen – insgesamt sollte es für etwa 20 Stück reichen, aber so genau weiß man das nie.

Die Hitze auf mittlere Stufe stellen, die Küchlein ins heiße Öl geben und frittieren, bis sie nussbraun und knusprig sind. Auf Küchenpapier abtropfen lassen und auf Tellern anrichten. Mit je einem Klecks Kichererbsen-Relish und griechischem Joghurt garnieren und servieren.

FISH & CHIPS-TEMPURA MIT INGWER-WASABI-MAYONNAISE

Hier ist meine japanisch inspirierte Antwort auf einen englischen Klassiker – ganz ohne matschiges Erbsenmus.

Sir Walter Raleigh sei Dank, dass er im 16. Jahrhundert die Kartoffel auf die Insel brachte. Ich wette, er hätte sich nicht träumen lassen, wie euphorisch die Engländer über ein paar perfekt frittierte Kartoffelstäbchen in Gesellschaft eines fetten Stücks Backfisch werden können.

FÜR 6 PERSONEN

1 kg festes, weißfleischiges Fischfilet (Pollack, Kabeljau, Schellfisch, Scholle oder Steinbutt – ganz wie Sie wollen), in 6 dicke Filets geschnitten

Die perfekten Chips

6 große vorwiegend festkochende Kartoffeln (Desiree)
1 TL Meersalz
1 l Erdnussöl zum Frittieren (siehe Hinweis Seite 12)
Meersalzflocken

Für den Tempura-Teig

50 g Mehl
50 g Maisstärke
1 EL Backpulver
½ TL Meersalz
1 Ei, verquirlt
200 ml eiskaltes Mineralwasser mit Kohlensäure
1 Eiswürfel

Für die Ingwer-Wasabi-Mayonnaise

6 gehäufte EL sehr gute Mayonnaise
1 EL Wasabi-Paste
1 EL Reisweinessig
1 TL Zucker
3 EL fein gehackter eingelegter Ingwer

Das richtige Timing ist alles bei diesem Gericht – der Teig lässt sich nicht im Voraus zubereiten, sondern muss gleich, wenn er fertig ist, weiterverarbeitet werden, darum beginne ich immer mit den Chips und der Mayo. Die Kartoffeln schälen und in 1,5 Zentimeter dicke Stäbe schneiden – lassen Sie das Lineal stecken, so genau kommt es nicht drauf an! Unter kaltem Wasser abspülen, um einen Teil der Stärke auszuschwemmen – so kleben sie später beim Frittieren nicht zusammen.

In einem großen Topf reichlich Wasser zum Kochen bringen, zuerst das Salz und dann die Kartoffeln hineingeben und garen, bis die Ränder allmählich weich werden und abkochen – das sorgt bei Ihren Chips später für den knusprigen Biss und dauert gewöhnlich etwa 10 Minuten. Den Ofen auf 150 °C vorheizen.

Während Ihre Kartoffeln kochen, bereiten Sie die Wasabi-Mayonnaise zu. Das ist schnell erledigt, einfach sämtliche Zutaten miteinander verrühren. Ich finde es faszinierend, wie ein Löffelchen scharfer Wasabi selbst der fadesten Mayonnaise Leben einhaucht. Es gibt Ihrem Fisch den besonderen Kick!

Die Kartoffeln, sobald sie so weit sind, sorgfältig abtropfen lassen und dann alles zum Frittieren vorbereiten. In einer Fritteuse das Erdnussöl fast bis zum Rauchpunkt erhitzen. Machen Sie den Brotwürfeltest. Schwimmt das Brotstück sofort auf und färbt sich golden, ist das Öl auf Betriebstemperatur.

Die Kartoffelstäbchen portionsweise in dem heißen Öl frittieren – nicht zu viele auf einmal hineingeben, sonst kühlt das Öl zu stark ab und Ihre Chips werden nicht knusprig. Sobald sämtliche Chips fertig sind, mit den Meersalzflocken bestreuen und im Ofen warm stellen. Das Öl auf Temperatur halten, während Sie den Fisch vorbereiten.

Lassen Sie sich nicht einreden, Tempura sei eine schwierige Angelegenheit, halten Sie sich einfach an folgende Formel: eiskaltes Wasser und nicht zu lange rühren – der Teig muss nicht glatt sein. Mit Essstäbchen geht es am einfachsten. Zuerst das Mehl, die Maisstärke und das Backpulver in eine Schüssel sieben und das Salz zugeben. Das Ei mit dem Wasser vermengen, in die Schüssel gießen und rasch verrühren – denken Sie daran, nicht zu lange! Zuletzt lassen Sie den Eiswürfel hineinplumpsen.

Jetzt kommt der spannende Teil – das Frittieren. Ich liebe das brodelnde Zischen, wenn der eiskalte Teig auf das heiße Öl trifft. Es klingt wie ein aufbrandender Applaus und sofort ist klar, der Fisch kann nur gut werden, wenn er schon jetzt stürmisch beklatscht wird! Die Filets durch den Teig ziehen, sodass sie rundherum gut bedeckt sind, in das heiße Öl gleiten lassen und in etwa 6 Minuten goldbraun ausbacken. Die Teighülle sollte zugleich zart und knusprig sein. Sorgfältig auf Küchenpapier abtropfen lassen.

Den gebackenen Fisch mit den Chips und der Wasabi-Mayonnaise sofort servieren, bevor der knusprige Teig weich wird – warum noch lange warten?

PIZZA

„When the moon hits your eye, like a big pizza pie, that's amore", sang einst Dean Martin. Und wirklich, ich kenne niemanden, der Pizza nicht liebt.

FÜR 4 MITTELGROSSE PIZZAS

Für den Teig

400 g Hartweizenmehl oder backstarkes Weizenmehl Type 550, plus Mehl zum Bestauben
100 g feiner Grieß
1 TL Meersalz
300 ml warmes Wasser
2 EL Olivenöl, plus Öl zum Einfetten
1 Päckchen Trockenhefe (7 g)
1 TL Honig

Diese Pizzas hier sind perfekt – der Rand außen knusprigbraun und innen weich und genau das richtige Verhältnis zwischen Belag, Sauce und blubberndem, Fäden ziehendem Käse. Alles, was das Herz jetzt noch begehrt, ist ein kaltes Bier zum Nachspülen. Kann Liebe Sünde sein?

Das Mehl und den Grieß in eine große Schüssel sieben und das Salz hineinkrümeln. (Sie können auch ausschließlich 500 Gramm Mehl verwenden, aber mit dem Grieß wird der Boden ungleich knuspriger.) Das Wasser, das Olivenöl, die Hefe und den Honig verrühren und 15 Minuten beiseitestellen.

In dem Mehl eine Mulde bilden und die Hefemischung hineingießen. Mit einem Löffelstiel langsam das Mehl in die Flüssigkeit rühren und vollständig einarbeiten. Die Hände mit Mehl bestauben und den Teig auf der Arbeitsfläche kneten, bis er geschmeidig ist. Es dauert etwa 8 Minuten, bis er so weit ist, also durchhalten.

Den Teig in die bemehlte Schüssel legen, mit einem feuchten Tuch bedecken und an einem warmen Ort 1 Stunde gehen lassen. Ich heize gern meine Mikrowelle an und lasse den Teig in dem erwärmten Garraum gehen.

Den Teig aus der Schüssel nehmen und noch einmal durchkneten. In vier Teile teilen und zu kreisrunden Böden von etwa 20 Zentimeter Durchmesser ausrollen.

DIE PIZZAS BACKEN

Den Backofengrill auf großer Stufe vorheizen. Die Pizzaböden auf eingeölte Alufolie legen und 5 Minuten grillen. Umdrehen, nach Wunsch belegen (siehe Seite 40–42) und im 230 °C heißen Ofen backen. Durch das Grillen wird der Boden besonders knusprig und schmeckt wie im Holzfeuerofen gebacken.

PIZZABELÄGE

Meine Lieblingstomatensauce

1 Schuss Olivenöl zum Garen
½ Zwiebel, fein gehackt
2 Knoblauchzehen, fein gehackt
1 Dose (400 g) Tomaten
1 TL Zucker
2 EL pürierte sonnengetrockneten Tomaten
2 EL zerpflückte Basilikumblätter
Meersalz und frisch gemahlener schwarzer Pfeffer

Das Olivenöl in einem Topf erhitzen und die Zwiebel darin anschwitzen, bis sie weich und glasig ist. Den Knoblauch zugeben, weitere 2 Minuten anschwitzen und die Tomaten und den Zucker hinzufügen. Bei schwacher Hitze 20 Minuten garen, bis die Sauce eingekocht und dick ist. Die getrockneten Tomaten und das Basilikum unterrühren und mit Salz und Pfeffer abschmecken.

Pesto

30 g Pinienkerne
1 Knoblauchzehe
1 TL Meersalz
1 großes Bund Basilikum, Blätter abgezupft
50 g Parmesan, frisch gerieben
200 ml natives Olivenöl extra
2 EL Zitronensaft

Die Pinienkerne in einer Pfanne ohne Zugabe von Fett rösten, bis sie goldgelb sind; aufpassen, dass sie nicht verbrennen.

Den Knoblauch mit dem Salz im Mörser zerstoßen und die Pinienkerne zugeben. Die Mischung grob zerkleinern; das Basilikum hinzufügen und weiter zermahlen. Den Parmesan einstreuen und in einem dünnen steten Strahl das Olivenöl einarbeiten, bis Ihr Pesto die gewünschte Konsistenz hat – es sollte weder zu flüssig noch zu fest sein. Mit Zitronensaft abrunden.

Das Pesto in ein Glas mit Schraubverschluss füllen, mit einer Schicht Olivenöl bedecken und verschließen. Es hält sich im Kühlschrank bis zu einer Woche.

KURZ NOTIERT

Wenn Sie mal nicht ganz so energiegeladen sind, können Sie auch sämtliche Zutaten im Mixer pürieren, statt sie im Mörser zu zermahlen, doch von Hand zubereitetes Pesto hat eine schönere Konsistenz und ist noch eine Spur leckerer.

Pizza mit Chorizo und Champignons

BELAG FÜR 1 PIZZA

- 3 EL Tomatensauce (siehe Seite 40)
- 100 g rohe Chorizo, in Scheiben geschnitten
- 100 g Mozzarella, in Stücke zerpflückt
- 1/2 rote Zwiebel, in feine Spalten geschnitten
- 8 große Champignons, in dünne Scheiben geschnitten

Den Grill auf großer Stufe vorheizen und den Pizzaboden wie auf Seite 38 beschrieben 5 Minuten grillen. Die ungegrillte Seite mit der Tomatensauce bestreichen, jedoch einen schmalen Rand frei lassen. Mit der Chorizo, dem Mozzarella, der Zwiebel und den Pilzen belegen und bei 230 °C 12–15 Minuten im Ofen backen.

Pizza mit Kartoffeln und Thymian

BELAG FÜR 1 PIZZA

- 15 kleine festkochende Kartoffeln, in dünne Scheiben geschnitten
- Meersalz
- 2 EL Olivenöl
- 2 Knoblauchzehen, gehackt
- 5 Zweige Thymian, Blätter abgezupft
- 125 g Ziegenfrischkäse, in Scheiben geschnitten

Die Kartoffeln in reichlich kochendem Salzwasser 5–7 Minuten blanchieren und abtropfen lassen. Mit einem Esslöffel des Olivenöls beträufeln, den Knoblauch und den Thymian zugeben und sorgfältig durchmischen.

Den Pizzaboden wie auf Seite 38 beschrieben 5 Minuten grillen. Die ungegrillte Seite mit den Kartoffelscheiben belegen, am Rand einen Streifen frei lassen. Den Ziegenkäse auf den Kartoffeln verteilen, mit dem restlichen Olivenöl beträufeln und 15 Minuten backen, bis Kartoffeln und Käse gut gebräunt sind.

Pizza mit Pesto, Mozzarella und marinierten Tomaten

BELAG FÜR 1 PIZZA

4 reife Tomaten, in Scheiben geschnitten
1 TL Zucker
Meersalz und frisch gemahlener schwarzer Pfeffer
2 Knoblauchzehen, in feine Scheiben geschnitten
10 Basilikumblätter, zerzupft
Natives Olivenöl extra und alter Balsamicoessig zum Beträufeln
2 EL frisches Pesto (siehe Seite 40)
150 g Büffelmozzarella, in Scheiben geschnitten

Die Tomaten nebeneinander in einer Schicht in eine flache Form legen, mit dem Zucker bestreuen und mit Salz und Pfeffer würzen. Den Knoblauch und das Basilikum darüber verteilen und mit etwas Olivenöl und Balsamicoessig beträufeln. Mindestens 20 Minuten marinieren.

Den Pizzaboden wie auf Seite 38 beschrieben grillen und umdrehen. Die ungegrillte Seite mit dem Pesto bestreichen – am Rand einen Streifen frei lassen. 15 Minuten backen, aus dem Ofen nehmen und mit den marinierten Tomaten und dem Mozzarella belegen. Mit weiterem Olivenöl und Essig beträufeln und servieren.

Pizza mit Harissa und Halloumi

BELAG FÜR 1 PIZZA

2 EL Harissa
200 g Halloumi, kreuzweise geschnitten
50 g Kalamata-Oliven
Natives Olivenöl extra zum Beträufeln
2 EL gehackte glatte Petersilie

Den Pizzaboden wie auf Seite 38 beschrieben grillen. Die Harissa-Paste auf der ungegrillten Seite des Bodens gleichmäßig verstreichen; am Rand einen schmalen Streifen frei lassen. Mit dem Halloumi und den Oliven belegen und mit Olivenöl beträufeln. Die Pizza 15 Minuten backen und vor dem Servieren mit der Petersilie bestreuen.

KURZ NOTIERT

Harissa ist eine nordafrikanische Paste aus getrockneten roten Chilischoten, Knoblauch, Tomaten und verschiedenen Gewürzen. Man verwendet sie als Würzmittel, beispielsweise für Schmorgerichte. Angeboten wird Harissa in Dosen, Gläsern und Tuben in unterschiedlichen Schärfegraden – die besten und feurigsten, die ich kenne, stammen aus Tunesien und werden in Dosen und Gläsern verkauft. Probieren Sie »Le Phare du Cap Bon«, aber Achtung: Sie ist mit Vorsicht zu genießen!

KNOBLAUCHBROT MIT PARMESAN

Knoblauchbrot ist nicht nur gebackener Teig – es schmeckt eindeutig nach mehr!

Der Unterschied zwischen einem guten und einem nur durchschnittlichen Knoblauchbrot liegt – kaum überraschend – in der Qualität des Brotes. Ich empfehle dickkrustiges italienisches Ciabatta oder ein langes schlankes Baguette. Es gibt kaum eine verlockendere Art, die nötige Dosis Kohlenhydrate zuzuführen, als Scheibe für Scheibe dieses vor Knoblauchbutter und Parmesan triefenden Brotes zu verdrücken. Das Quantum an blutverdünnendem Knoblauch reicht, um die großzügig bemessene Buttermenge etwas auszugleichen – also keine Gefahr für Ihre Arterien.

FÜR 1 LAIB BROT

150 g Butter, raumtemperiert
1 EL zerstoßener Knoblauch
1 TL getrockneter Oregano
Meersalz und frisch gemahlener schwarzer Pfeffer
25 g Parmesan, frisch gerieben
1 großes Ciabatta oder Baguette

Den Ofen auf 200 °C vorheizen. Die Butter, den Knoblauch, den Oregano, Salz und Pfeffer nach Geschmack und die Hälfte des Parmesans zu einer cremigen Paste verrühren.

Das Brot mit einem scharfen Messer in Abständen von drei Zentimetern schräg einschneiden, jedoch nicht durchschneiden. Einen Bogen Alufolie bereitlegen, der groß genug ist, um das Brot darin einzuwickeln. Das Brot in die Mitte der Folie legen, mit einem Messer die Knoblauchbutter zwischen die vorgeschnittenen Scheiben streichen und den restlichen Parmesan hineinstreuen. Das Paket verschließen und 10 Minuten im Ofen backen. Öffnen und weitere 5 Minuten backen, damit die Kruste knusprig wird.

FOCACCIA MIT ZIEGENKÄSE, ROTEN ZWIEBELN UND SCHNITTLAUCH

Wenn Sie die Art von Trost suchen, die nur Kohlenhydrate spenden können, werden Sie hier fündig.

FÜR 8–10 PERSONEN

500 g Mehl Type 550, plus Mehl zum Bestauben
2 Päckchen (je 7 g) Trockenhefe
2 TL Meersalz
3 EL Schnittlauchröllchen
275 ml lauwarmes Wasser
60 ml natives Olivenöl extra
1 rote Zwiebel, in dicke Streifen geschnitten
1 TL Zucker
1 EL Olivenöl, plus 1 TL zum Einfetten
150 g Ziegenfrischkäse, zerkrümelt
2–3 Zweige Rosmarin, Blätter abgezupft

Dieses zarte, olivenölgetränkte Brot mit cremigem Ziegenkäse und Kräutern ist wie eine flauschige Decke gegen die klirrende Kälte asketischer Diäten. Am besten schmeckt es in Stücke geschnitten und noch warm genossen.

Zuerst das Mehl, die Hefe und einen Teelöffel Salz in eine große Schüssel sieben. Den Schnittlauch hineingeben, das Wasser und die Hälfte des nativen Olivenöls extra zugießen und alles mit den Händen vermengen. Die Mischung auf die bemehlte Arbeitsfläche geben und zu einem glatten, elastischen Teig verkneten. Mit einem feuchten Küchentuch bedecken und an einem warmen Ort 45 Minuten gehen lassen, bis er sein Volumen verdoppelt hat.

Inzwischen die Zwiebel mit dem Zucker in einem Esslöffel Olivenöl braten, bis sie goldbraun karamellisiert ist. Abkühlen lassen.

Eine rechteckige Backform von 30 Zentimeter Länge mit dem restlichen Teelöffel Olivenöl einfetten. Die Luft aus dem Teig schlagen und diesen in die Form einpassen. Noch einmal 30 Minuten gehen lassen.

Den Ofen auf 230 °C vorheizen. Mit den Fingerspitzen kleine Grübchen in den Teig drücken. Die Zwiebel, den Ziegenkäse, den Rosmarin und noch ein paar Krümelchen Meersalz darauf verteilen und mit dem restlichen nativen Olivenöl beträufeln. Im Ofen 15–20 Minuten backen, bis die Focaccia außen wunderbar knusprig und innen flauschig weich ist.

LINGUINE MIT GARNELEN, SPARGEL UND ZITRONE

Kein anderes Pastagericht weckt so sehr Erinnerungen an lange heiße Sommer wie dieses.

FÜR 4 PERSONEN

350 g Linguine
2 Bund dünne grüne Spargelstangen
4 TL Olivenöl
60 g Butter
3 Knoblauchzehen, gehackt
1 rote Chilischote (Samen entfernt, wenn Sie es nicht so feurig mögen), fein geschnitten
Abgeriebene Schale und Saft von 1 unbehandelten Zitrone
1 kg rohe Riesengarnelen, geschält und Därme entfernt
Meersalz und frisch gemahlener schwarzer Pfeffer
Frisch geriebener Parmesan zum Servieren

Drückt man den Leuten Zitronen in die Hand, machen manche Limonade daraus, doch für mich geht nichts über diese nach Sommer und Sonne schmeckenden Nudeln, perfekt abgerundet mit kleinen Tupfern Chili, Zitronenschale und bleistiftdünnen Spargelstangen. Und entdeckt man erst die saftigen Garnelen, die wie korallenrote Juwelen in dem Knäuel aus Linguine verborgen liegen, ist man angekommen – das muss Dolce Vita sein.

Die Pasta in reichlich kochendem Salzwasser al dente garen. Abgießen und zwei Esslöffel des Kochwassers auffangen.

Den Spargel 2–3 Minuten in kochendem Wasser blanchieren, bis die Stangen weich sind. Abgießen, in Eiswasser kalt abschrecken, um den Garprozess zu stoppen, und abtropfen lassen.

Das Olivenöl in einer Pfanne erhitzen und dann die Butter darin zerlassen. Den Knoblauch, den Chili und die Zitronenschale hineingeben und 1 Minute anschwitzen, bis ein herrlicher Duft Ihre Küche erfüllt. Die Garnelen hineinwerfen und rundherum Farbe nehmen lassen; dann den Zitronensaft und das aufgefangene Kochwasser der Nudeln zugießen, würzen und kurz durchschwenken. Die Pasta und den Spargel hinzufügen, gründlich untermischen und mit einem großzügigen Löffel Parmesan bestreut sofort servieren.

TAGLIATELLE MIT CHAMPIGNONS, GERÖSTETEM KNOBLAUCH & SPECK

Diese Pasta ist die Art von Essen, auf das man sich nach einem langen, anstrengenden Arbeitstag freut.

Würzige Champignons, duftender gerösteter Knoblauch und knuspriger Speck in einer Sahnesauce geben der Hoffnung Nahrung, dass morgen ein besserer Tag wird.

FÜR 4 PERSONEN

- 2 ganze Knoblauchknollen, plus 2 Zehen, gehackt
- 2 EL Olivenöl
- 350 g Tagliatelle
- 100 g Pancetta oder durchwachsener Speck ohne Schwarte, gewürfelt
- 300 g braune Champignons, in Scheiben geschnitten
- 150 ml Sahne
- Meersalz und frisch gemahlener schwarzer Pfeffer
- Frisch geriebener Parmesan zum Servieren

Den Ofen auf 200 °C vorheizen. Die Knoblauchknollen an der Oberseite kappen und mit etwas Olivenöl beträufeln. In Alufolie wickeln und auf einem Blech im Ofen 30 Minuten backen. Etwas abkühlen lassen.

Die Pasta in kochendem Salzwasser al dente garen. Abgießen.

Das restliche Olivenöl in einer Pfanne erhitzen und den Speck darin braun anbraten. Die Pilze zugeben und goldbraun braten. Den gehackten Knoblauch untermengen und 2 Minuten garen.

Den gebackenen Knoblauch aus den Schalen pressen – das Fruchtfleisch flutscht fast wie von selbst heraus – und unter die Pilze mengen. Nach 1 Minute die Sahne zugießen und mit Salz und Pfeffer abschmecken. Die gegarte Pasta in der Sauce schwenken und mit etwas Parmesan servieren.

KAPITEL ZWEI

Lange Tage im Büro

Arbeiten, um zu leben, leben, um zu essen

Ob es um Klamotten geht (Vintage-Kleid, ein paar Zentimeter gekürzt) oder um die Frisur (strubbeliger Bob-Look, rot getönt), Sie pflegen Ihren eigenen Stil, also nehme ich an, dass Sie sich auch zum Lunch ungern mit einem trockenen Thunfischbrötchen abspeisen lassen.

Kantinenessen ist todlangweilig – meist geht es über ein pappiges Sandwich oder eine wässrige Suppe nicht hinaus, und als Sie sich neulich in der Mittagspause vor die Tür wagten, kamen Sie auch nur mit ein paar zweifelhaften Sushis und einer spürbar leichteren Geldbörse zurück. Und hören Sie mir bloß mit diesen Sandwichläden auf. Da erklärt man denen Tag für Tag, dass man auf Diät ist, doch sie hauen immer wieder diese verdammte Mayonnaise drauf … WARUM?

Zerknüllen Sie die Sandwichbox und nehmen Sie die Sache selbst in die Hand. Ein Lunchpaket von zu Hause ist gesünder, billiger und schmeckt besser – selbst ist die Frau und ausgekocht dazu. Ist der Job auch manchmal eine Tretmühle, Ihr Lunch muss es nicht sein. Selbstgemachtes ist immer frisch und trifft Ihren Geschmack. Sie werden staunen, wie eilig Sie es plötzlich haben, ins Büro zu kommen!

BOHNENSUPPE MIT CHORIZO & PASTA

Ist Ihre Gehaltsabrechnung auch manchmal zum Haareraufen, Ihre Suppe muss es nicht sein.

FÜR 2 GROSSE PORTIONEN

1 EL Olivenöl
50 g rohe Chorizo, gewürfelt (siehe unten)
1 Knoblauchzehe, fein gehackt
1 kleine rote Zwiebel, fein gehackt
1 Stange Staudensellerie, grob gehackt
1 kleiner Zweig Rosmarin, Blätter abgezupft und gehackt (nach Belieben)
200 ml passierte Tomaten
400 ml Hühnerbrühe
150 g Cannellini-Bohnen aus der Dose, abgespült und abgetropft
30 g getrocknete Pasta

Diese Suppe strotzt nur so vor Geschmack und richtig Biss hat sie auch. Der Paprika in der Chorizo färbt die Brühe beim Garen glutrot wie ein Sonnenuntergang. Genau das Richtige, um auf Touren zu kommen – ein Teller genügt und Sie fordern auf der Stelle eine Gehaltserhöhung.

Das Olivenöl in einem Topf erhitzen und die Chorizo darin anbraten, bis sie etwas knusprig geworden ist und sich das Öl rötlich gefärbt hat. Den Knoblauch, die Zwiebel und den Sellerie zugeben und glasig schwitzen. Wenn Sie mögen, etwas gehackten Rosmarin unterrühren und kurz weiter anschwitzen.

Die passierten Tomaten und die Hühnerbrühe zugießen und die Bohnen hineingeben. Zum Kochen bringen und zugedeckt 5 Minuten garen. Die Pasta untermengen und al dente kochen – das dauert etwa 10 Minuten. Die Suppe, falls sie fürs Büro gedacht ist, in eine Thermoskanne füllen, damit sie warm bleibt.

KURZ NOTIERT

Es gibt zwei Arten von Chorizo – die harten Dauerwürste mit fester Schale sind gereift und für den Sofortverzehr gedacht, zum Braten und Schmoren sind die ungegarten Würste besser geeignet. Sie sind mit einer dünnen Haut überzogen und sehr viel weicher.

SPINAT-LINSEN-SUPPE MIT ZITRONE

Diese Suppe ist wunderbar gehaltvoll und nahrhaft, man braucht nicht einmal Brot zum Einstippen dazu.

Der eisenhaltige Spinat und die eiweißreichen Linsen machen Sie fit für einen langen Nachmittag harter Arbeit.

FÜR 4 SÄTTIGENDE PORTIONEN

225 g rote Linsen
1,5 l Wasser
1 Stückchen Butter
Meersalz und frisch gemahlener schwarzer Pfeffer
2 EL Olivenöl
1 mittelgroße Zwiebel, gehackt
4 Knoblauchzehen, gehackt
Abgeriebene Schale und Saft von 1 unbehandelten Zitrone
100 g junger Spinat

Die Linsen in einem Sieb abspülen, bis das Wasser klar bleibt. In einen Topf geben, das Wasser und die Butter hinzufügen und kräftig würzen. Aufkochen lassen und dann zugedeckt garen, bis die Linsen weich und cremig sind. Das dauert etwa 20 Minuten.

Das Olivenöl in einer Pfanne erhitzen. Die Zwiebel und den Knoblauch darin anschwitzen, die Zitronenschale zugeben und alles zusammen 1 Minute braten.

Sobald die Linsen gar sind, die Mischung aus der Pfanne untermengen und den zerrupften Spinat hinzugeben – er fällt innerhalb von Sekunden zusammen. Den Saft der Zitrone hineinpressen und den Topf vom Herd nehmen. Die Suppe in eine Thermosflasche füllen und im Büro die Früchte Ihrer Arbeit genießen.

MAISSUPPE MIT REIS, INGWER & SESAM

Diese samtene, sonnengelbe Suppe macht den mühsamsten Montag zum Schontag. Die Zubereitung ist so einfach, dass sich die Frage nach dem Blaumachen gar nicht erst stellt.

FÜR 2 GROSSE PORTIONEN

1 EL Olivenöl
200 g Mais aus der Dose, abgetropft
Abgeriebene Schale und Saft von ½ Zitrone
¼ TL gemahlene Kurkuma
1 TL frisch geriebener Ingwer
500 ml heiße Hühnerbrühe
40 g Basmatireis
Einige Tropfen Sesamöl
1 EL gehacktes Koriandergrün

Das Olivenöl in einem Topf erhitzen. Den Mais und die Zitronenschale bei mittlerer Hitze unter Rühren 3 Minuten darin anschwitzen, die Kurkuma und den Ingwer zugeben und 2 Minuten unter Rühren garen.

Die heiße Brühe zugießen und den Reis hineingeben. Zum Kochen bringen und bei schwacher bis mäßiger Hitze 15 Minuten garen, bis der Reis weich ist. Den Zitronensaft und einige Tropfen Sesamöl unterrühren und mit dem Koriandergrün bestreuen. (Zum Warmhalten fürs Büro in eine Thermoskanne füllen.)

Eingelegte Zitronen

Sie sickern zunehmend ins britische Geschmacksbewusstsein und sind in fast jedem Supermarkt erhältlich, doch lege ich die Früchte auch gern selbst ein. Es ist denkbar einfach: Die unbehandelten Zitronen senkrecht kreuzweise einschneiden, jedoch nicht ganz durchtrennen; sie sollten an der Basis noch zusammenhalten. Ein Weckglas mit kochendem Wasser sterilisieren und so viele Zitronen wie möglich – ich schaffe zehn – sowie sechs geschälte Knoblauchzehen, einige Nelken, ein Stückchen Zimt, einige rote Chilischoten und ein fünf Zentimeter großes Stück geschälten Ingwer hineindrücken. Mit Weißwein- oder Cidreessig auffüllen, fest verschließen und an einem kühlen, dunklen Ort 3–4 Wochen marinieren. Die Schale der Zitronen saugt die Aromen der anderen Zutaten vollständig auf und zergeht förmlich auf der Zunge.

THUNFISCH-KICHERERBSEN-SALAT
MIT EINGELEGTER ZITRONE & HARISSA-DRESSING

Sie haben bereits ein hübsches Pensum an Arbeit auf dem Zettel, da sollte Ihr Lunch nicht auch noch dazugehören.

Die Mails kommen im Sekundentakt, das Telefon steht nicht still und in der Ablage stapeln sich die Eingänge, dass Sie vor Papier kaum noch den Schreibtisch sehen ...

Dieser Salat nimmt nicht mehr als 10 Minuten in Anspruch und da die meisten Zutaten direkt aus der Speisekammer kommen, brauchen Sie nicht einmal groß einzukaufen. Außerdem dauert es nur ungefähr 2 Minuten und 37 Sekunden, bis Sie ihn verdrückt haben, bleibt also reichlich Zeit, endlich die schon ewig hinausgeschobene Kostenkalkulation in Angriff zu nehmen – Sie wissen schon, Zahlen durchkauen!

FÜR 2 PERSONEN

- 200 g Thunfisch in Olivenöl, abgetropft
- 1 Dose (400 g) Kichererbsen, abgespült und abgetropft
- 10 Kirschtomaten, halbiert
- 1 kleine in Salz oder Essig eingelegte Zitrone, fein gehackt (siehe Seite 55)
- 10 Ihrer Lieblingsoliven – ich nehme gern traubengroße grüne Oliven
- 2 gehäufte EL grob gehacktes Koriandergrün
- ½ TL Kreuzkümmelsamen

Für das Dressing

- 1 TL Harissa (siehe Seite 42)
- Saft von ½ Zitrone
- 3 EL natives Olivenöl extra
- Meersalz und frisch gemahlener schwarzer Pfeffer

Den Thunfisch, die Kichererbsen, die Tomaten, die eingelegte Zitrone, die Oliven und das Koriandergrün vermengen. Eine Pfanne erhitzen und den Kreuzkümmel ohne Zugabe von Fett rösten, bis er aromatisch duftet. In den Mörser geben, die Samen mit ein paar kräftigen Stößen zermahlen und über den Salat streuen.

In einer Schüssel die Harissa-Paste, den Zitronensaft und das Olivenöl verrühren und mit Salz und Pfeffer abschmecken. Den Salat mit dem Dressing anmachen.

COUSCOUSSALAT MIT GEBRATENEM GEMÜSE &
GRANATAPFELDRESSING

Wenn es um ein vernünftiges Lunchpaket geht, setzt dieser Salat Maßstäbe.

Couscous ist so simpel, er macht sich praktisch von selbst, und auch das gebratene Gemüse stellt Sie vor keine unlösbaren Probleme. Das säuerliche Granatapfeldressing erfrischt zuerst den Salat und dann den Geist – genau der richtige Balsam für einen heißgelaufenen Kopf.

AUSREICHEND FÜR 2 GROSSE PORTIONEN

1 kleine Zucchini, geputzt und in große Würfel geschnitten
1 kleine Aubergine, geputzt und in große Würfel geschnitten
1 kleine rote Paprikaschote, von den Samen befreit und in große Würfel geschnitten
2 rote Zwiebeln, in dicke Spalten geschnitten
1 kleine Knolle Gemüsefenchel, in dicke Spalten geschnitten
1 EL natives Olivenöl extra
1 TL Koriandersamen, zerstoßen
12 Kirschtomaten
200 g Couscous
350 ml kochende Hühner- oder Gemüsebrühe
Etwas Butter oder Olivenöl (nach Belieben)
2 Handvoll junger Spinat
Meersalz und frisch gemahlener schwarzer Pfeffer

Für das Dressing

2 EL Granatapfelsirup (siehe unten)
3 EL Olivenöl
1 EL Wasser
½ TL Zucker

Den Ofen auf 200 °C vorheizen. Sämtliches Gemüse (außer die Tomaten) auf einem tiefen Blech oder der Saftpfanne vermengen. Das Olivenöl und den Koriander darüber verteilen, kräftig würzen und gut durchmischen, bis alles gleichmäßig mit Öl und Gewürzen überzogen ist. 30 Minuten im Ofen backen, die Tomaten zugeben und weitere 10 Minuten garen; das Gemüse dabei regelmäßig wenden. Herausnehmen und abkühlen lassen.

Den Couscous in eine große hitzebeständige Schüssel geben. Die heiße Brühe über den Couscous gießen (Sie können dafür auch einfach heißes Wasser nehmen). Gut umrühren, mit einem Teller zudecken und 10 Minuten quellen lassen, bis der Grieß die Flüssigkeit aufgenommen hat. Mit einer Gabel auflockern und abkühlen lassen. Wenn Sie möchten, können Sie noch etwas Butter oder Olivenöl unter Ihren Couscous mischen.

Sämtliche Zutaten für das Dressing in einer Schüssel verrühren – das Wasser dient dazu, den gelegentlich sehr dicken Granatapfelsirup zu verdünnen.

Den Spinat unter das Gemüse mengen und alles in einer großen Schüssel mit dem Couscous vermischen. Das Dressing zugießen, den Salat durchheben und bis zum Servieren durchziehen lassen. Zugegeben, so lecker, wie dieser Salat ist, erlebt er selten die Mittagspause; meist ist er schon am späten Vormittag fällig.

KURZ NOTIERT

Granatapfelsirup wird aus dem Saft der Früchte hergestellt, den man so lange einkocht, bis er eingedickt und dunkel ist. Der zugleich süße und saure Sirup wird ähnlich wie Tamarindenmark und Balsamicocreme für Saucen und Dressings verwendet. Er ist nahezu unbegrenzt haltbar und im zeitgemäßen Küchenregal geradezu ein Muss. Sie bekommen ihn im arabischen, türkischen und persischen Lebensmittelhandel. Wie andere typisch persische Zutaten kaufe ich ihn bei Persepolis in Brixton.

THUNFISCH-SASHIMI MIT AVOCADOSALAT

Dieses Gericht ist gleichbedeutend mit wenig Arbeit und viel Geschmack – es dauert gerade mal 10 Minuten, es auf den Tisch zu zaubern.

FÜR 2 PERSONEN

1 EL Olivenöl
½ TL Sesamöl
1 EL helle Sojasauce
1 EL Reisessig
1 Klecks Wasabi
175 g frisches Thunfischfilet, in dünne Scheiben geschnitten

Für den Salat
1 Avocado, in Scheiben geschnitten
8 Kirschtomaten, halbiert
2 gehäufte EL zerpflücktes Koriandergrün
3 Frühlingszwiebeln, in Scheiben geschnitten
Saft von 1 Limette
Meersalz und frisch gemahlener schwarzer Pfeffer
1 TL gerösteter Sesam zum Garnieren

Selbst ohne Thunfisch ist dieser Salat ein Hochgenuss, doch wird er mit ihm natürlich sättigender. Für den Transport verstaue ich den Salat in einer Lunchbox mit Eisbeutelfach, damit der Thunfisch so frisch wie möglich bleibt.

Das Olivenöl, das Sesamöl, die Sojasauce und den Reisessig in einer Schüssel vermengen und den Wasabi unterrühren. Den Thunfisch einlegen und von allen Seiten sorgfältig in der Mischung wenden.

Die Avocadoscheiben, die Tomaten, das Koriandergrün und die Frühlingszwiebeln übereinander schichten, mit dem Limettensaft beträufeln und mit Salz und Pfeffer würzen. Den marinierten Thunfisch darauf anrichten und mit Sesam bestreuen. Schmeckt um Klassen besser als ein pappiges Sandwich!

KURZ NOTIERT

Bei Thunfisch für den Rohgenuss fragen Sie am besten Ihren Fischhändler, ob er Sushi-Qualität hat. Dazu muss der frisch gefangene Fisch sofort tiefgefroren und sieben Tage bei minus 20 Grad gelagert worden sein, damit schädliche Parasiten oder Bakterien absterben.

Um die Frische des Fischs zu prüfen, beachten Sie drei goldene Regeln:

1. Folgen Sie Ihrer Nase – riecht der Fisch fischig, Finger weg. Der Geruch sollte neutral sein.
2. Frischer Thunfisch ist von opaker gleichmäßiger Färbung, die je nach Art von rosarot bis dunkelrot reicht.
3. Machen Sie die Druckprobe – das Fleisch sollte fest sein und doch nachgeben. Ist es zäh wie die berühmten Schuhsohlen, liegenlassen.

HÄHNCHENSALAT MIT REIS-NUDELN & ERDNUSSBUTTER

Wenn Sie Erdnussbutter mal anders mögen als mit Gelee zwischen zwei Scheiben Weißbrot, werden Sie diesen knackigen Salat mit Suchtgefahr lieben. Er strotzt vor gesundem Rohgemüse, magerem Hähnchenfleisch und – natürlich – einer üppigen Portion Erdnussbutter. Ein richtiges Kraftfutter.

FÜR 1 PERSON

100 g Reisnudeln
½ rote Paprikaschote, von den Samen befreit und in feine Streifen geschnitten
1 kleine Karotte, in feine Streifen geschnitten
1 Stange Staudensellerie, in feine Streifen geschnitten
1 Handvoll Spinat, in Streifen geschnitten
1 Frühlingszwiebel, gehackt
50 g Mungbohnensprossen
1 hart gekochtes Ei
100 g mageres gegartes Hähnchenfilet

Für das Dressing

3 EL Erdnussbutter (siehe Kurz notiert)
2 EL helle Sojasauce
Saft von ½ Limette
1 TL Honig
1 EL Reisessig
1 TL frisch geriebener Ingwer
1 Knoblauchzehe, zerstoßen
½ rote Chilischote, von den Samen befreit und gehackt

Die Nudeln in reichlich kochendem Salzwasser 3 Minuten garen, abgießen und in Eiswasser kalt abschrecken, um den Garprozess zu stoppen. Abtropfen lassen und in eine große Salatschüssel geben. Die rote Paprika, die Karotte, den Sellerie, den Spinat, die Frühlingszwiebel und die Bohnensprossen hinzufügen und sogfältig vermengen, sodass Nudeln und Gemüse gleichmäßig vermischt sind.

Für das Dressing die Erdnussbutter mit der Sojasauce, dem Limettensaft, dem Honig und dem Reisessig verrühren. Den Ingwer, den Knoblauch und den Chili unterziehen und das Dressing über den Salat gießen. Mit dem hart gekochten Ei und dem Hähnchenfleisch garnieren und servieren.

KURZ NOTIERT

Wählen Sie für dieses Dressing eine ungesüßte, naturbelassene Erdnussbutter. Die von »Whole Earth« schmeckt fantastisch.

MARINIERTE HÄHNCHENSPIESSE MIT SESAM UND KRAUTSALAT

Wenn das Pikanteste in Ihrem Büro der Klatsch ist, sollten Sie sich unbedingt um einen anständigen Lunch kümmern.

Diese saftigen Hähnchenspieße bergen eine geballte Ladung orientalischer Aromen, während der Krautsalat ganz ohne fette Mayo auskommt und für eine angenehm nussige Note sorgt. Und psst ..., man munkelt, dass er auch ganz einfach sein soll.

FÜR 2 PERSONEN

1 TL Reisessig
1 EL helle Sojasauce
1 TL Sesamöl
2 EL Honig
1 rote Chilischote (von den Samen befreit, wenn Sie es weniger feurig mögen), gehackt
1 EL Sesam
200 g entbeinte Hähnchenschenkel ohne Haut, in 3 cm große Würfel geschnitten

Für den Krautsalat

1 kleine Karotte, geraspelt
100 g Weißkohl, in Streifen geschnitten
2 Frühlingszwiebeln, fein gehackt
1 gehäufter EL gehacktes Koriandergrün
1 gehäufter EL cremige ungesüßte Erdnussbutter (siehe Seite 62)
1 TL Reisessig
2 TL helle Sojasauce
2 EL Limettensaft

Für den Krautsalat die Karotte, den Kohl, die Frühlingszwiebeln und das Koriandergrün vermengen. Die Erdnussbutter, den Reisessig, die Sojasauce und den Limettensaft verrühren. Das Dressing über den Salat gießen und gut untermengen.

Eine Marinade für das Hähnchen zubereiten: Den Reisessig, die Sojasauce, das Sesamöl, den Honig, den Chili und den Sesam verrühren. Über das Fleisch gießen und dieses mindestens 1 Stunde marinieren. Inzwischen einige Holzspieße wässern, damit sie beim Grillen nicht verbrennen.

Den Grill auf höchster Stufe vorheizen. Die Hähnchenwürfel auf die Spieße stecken und 10 Minuten grillen, bis sie rundherum gebräunt und durchgegart sind. Heiß oder kalt mit dem Krautsalat servieren.

TEIGTASCHEN MIT KÄSEFÜLLUNG

Käse und „pickle", eine Art vegetarischer Brotaufstrich, sind in Großbritannien so etwas wie ein Nationalheiligtum, daher haben sie mal etwas anderes verdient, als ewig zwischen zwei dicken Scheiben Weißbrot zu enden. Mit reifem Cheddar wird die Füllung dieser Teigtaschen extrawürzig.

FÜR 8 TEIGTASCHEN

1 Zwiebel, fein gehackt
250 g Cheddar (ersatzweise ein anderer Hartkäse), gerieben
5 EL *pickle* (z. B. Branston Pickle)
500 g salziger Mürbeteig (Fertigprodukt)
Mehl zum Bestauben
2 Eier, verquirlt

Den Ofen auf 180 °C vorheizen. Die Zwiebel, den Käse und das *pickle* in einer großen Schüssel verrühren.

Den Teig auf der gut bemehlten Arbeitsfläche fünf Millimeter dünn ausrollen und acht Kreise von Untertassengröße ausstechen. Die Füllung darauf verteilen, am Rand einen fünf Millimeter schmalen Streifen frei lassen. Die Ränder mit Wasser befeuchten, über die Füllung schlagen und fest zusammendrücken.

Die Teigtaschen auf ein Blech legen, mit Ei bestreichen und 25 Minuten backen, bis sie goldbraun und durchgegart sind. Heiß oder kalt genießen.

Branston
ORIGINAL

LACHS-SUSHI-SANDWICHES OHNE BROT

Vergessen Sie die Brotdose und kreieren Sie Ihr eigenes Sushi-Sandwich.

FÜR 6 FINGERSANDWICHES

175 g Sushi-Reis
225 ml Wasser
1 EL feinster Zucker
1 ½ EL Reisessig
½ TL Meersalz
1 großes Blatt Nori
2–3 Scheiben Räucherlachs
2 TL Kapern
2 TL eingelegter Ingwer
Einige dünne Scheiben Salatgurke (der Länge nach geschnitten)
1 TL schwarzer Sesam
Sojasauce und Wasabi zum Servieren

Keine Panik, hierfür benötigt man nicht die Samurai-Messerkünste eines japanischen Meisterkochs, eigentlich geht es so einfach wie ein simples Sandwich. Sobald Sie den Reis gegart haben (ebenfalls nicht so schwierig, wie es scheinen mag), müssen Sie ihn nur noch flach ausbreiten und garnieren. Keine komplizierte Rolltechnik, keine Stäbchen, kein Hacken – nur alles übereinander packen.

Den Reis in mehrfach gewechseltem kaltem Wasser waschen, bis das Wasser klar bleibt. In einen Topf geben, das Wasser zugießen und zum Kochen bringen. Sobald es aufwallt, die Hitze auf niedrige Stufe stellen, den Topf mit einem Deckel fest verschließen und den Reis garen, bis er weich ist und die Flüssigkeit aufgenommen hat. Den Herd ausschalten und den Reis zugedeckt 10 Minuten quellen lassen.

Inzwischen den Zucker, den Reisessig und das Salz in einem kleinen Topf auf kleiner Stufe erhitzen, bis sich der Zucker aufgelöst hat. In einer Schüssel abkühlen lassen.

Den Reis auf einer Platte ausbreiten, mit der abgekühlten Essigmischung beträufeln und mit einem Holzspatel vermengen. Abkühlen lassen.

Eine rechteckige Form (beispielsweise eine Schachtel von einem chinesischen Take-away oder eine kleine Sandwichbox) mit Frischhaltefolie auskleiden, sodass sie etwas überhängt. Ein Nori-Stück so abschneiden, dass es exakt in die Form passt, und einlegen. Die Hälfte des Reises einfüllen, verteilen und andrücken. Den Lachs, die Kapern, den Ingwer und die Gurkenscheiben darüberschichten und mit dem Sesam bestreuen. Den restlichen Reis darauf verteilen, glätten und mit einem Nori-Blatt bedecken – fertig ist das Sushi-Sandwich.

Das Lachs-Sushi-Sandwich mithilfe der Folie aus der Form heben und mit einem feuchten Messer in fünf oder sechs Stücke schneiden. Mit Sojasauce zum Dippen und etwas Wasabi servieren.

KURZ NOTIERT

Ich habe mich hier für Lachs entschieden, aber Sie können auch eine ganze Armada anderer Zutaten verwenden, von Thunfisch über eingelegten Rettich bis zu gegrilltem Tofu, Karotten und gegartem Hähnchenfleisch.

KAPITEL DREI

Seelenfutter

Wenn niemand da ist, um uns zu trösten, brauchen wir Trost auf einem Teller

Die guten alten Gerichte haben immer etwas Heilsames, wenn uns der Blues oder sonst etwas erwischt hat. Nehmen wir zum Beispiel Hühnersuppe, auch jüdisches Penizillin genannt. Wissenschaftler haben nachgewiesen, dass sie tatsächlich die Fähigkeit hat, eine Grippe in die Flucht zu schlagen. Als wenn wir das nicht längst wüssten!

Oder denken Sie an die wohltuende Wärme, die nichts so gut wie eine traditionelle *shepherd's pie* spendet. Was schert einen noch der Rest der Welt, wenn man vor einem großen Teller dieses cremig-buttrigen Auflaufs mit Kartoffeln und Hackfleisch sitzt? Schenken Sie sich einen Becher meiner Hühnernudelsuppe ein und ich verspreche Ihnen, die goldfarbene Brühe mit ihrem würzigen Aroma ist Balsam für Ihre Seele. Oder gönnen Sie sich eine große Portion gewürzten Milchreis und Sie fühlen sich geborgen wie ein Kind im Mutterleib.

Kopf hoch, Gabel in die Hand und verwöhnen Sie sich mit dem besten aller Seelentröster. Schließlich schmeckt es nirgends so gut wie zu Hause!

LAUCH-KARTOFFEL-SUPPE MIT SPECK

Die Kombination Lauch und Kartoffeln ist nicht gerade als Furore machende Innovation bekannt, doch wenn man eine kleine Stärkung braucht, sucht man sein Heil meist im Altbewährten.

FÜR 6 PERSONEN

1 l kräftige Hühnerbrühe
1 große mehligkochende Kartoffel, gewürfelt
150 g durchwachsener Speck, gewürfelt
1 großzügiger EL Olivenöl
2 große Stangen Lauch, geputzt und klein geschnitten
2 Knoblauchzehen, gehackt
60 ml Sahne
300 ml Vollmilch
Frisch geriebene Muskatnuss
Meersalz und frisch gemahlener schwarzer Pfeffer

Lauch und Kartoffel sind wie das alte Ehepaar auf der Mole, das zusammen in die Jahre gekommen ist, sicher ein Klischee, aber ein herzerwärmendes.

Die Brühe zum Kochen bringen, die Kartoffelwürfel hineingeben und 10–12 Minuten garen, bis sie weich sind.

Inzwischen den Speck in dem Olivenöl goldbraun braten. Mit einem Schaumlöffel herausheben und auf Küchenpapier abtropfen lassen. In demselben Fett den Lauch und den Knoblauch anschwitzen, bis das Gemüse weich ist, jedoch nicht bräunen.

Den Lauch und Knoblauch, die Sahne, die Milch und den Speck in die Brühe geben, mit Muskatnuss, Salz und Pfeffer würzen und portionsweise in der Küchenmaschine oder mit dem Stabmixer pürieren. Genussvoll löffeln, bis Sie satt und zufrieden sind.

CHINESISCHE HÜHNERNUDELSUPPE

Wenn es draußen klirrend kalt ist, braucht man etwas, das Leib und Seele wärmt.

Dank einer kräftigen Dosis Ingwer spendet diese Suppe nicht nur wohltuende Wärme, die duftende, goldgelbe Brühe bringt Sie auch absolut sicher wieder in Schwung. Die perfekte Therapie, um den Schlechtwetterblues zu vertreiben.

FÜR 4 PERSONEN

- 3 Knoblauchzehen, grob gehackt
- 2,5 cm Ingwer, geschält und grob gehackt
- 225 g entbeinte Hähnchenschenkel ohne Haut, in dünne Streifen geschnitten
- 1 lange rote Chilischote (Samen entfernt, wenn Sie es weniger scharf mögen), in feine Streifen geschnitten
- 2 EL helle Sojasauce
- 2 EL Reiswein *(mirin)*
- 2 EL Sesamöl
- 1 EL Reisessig
- 1 1/2 TL Zucker
- 1 Karotte, schräg in feine Scheiben geschnitten
- 6 Frühlingszwiebeln, gehackt
- 1 l Hühnerbrühe
- 30 g Reisnudeln
- 2 Blätter Pak Choi, grob zerpflückt, Stiele gehackt
- 5 EL gehacktes Koriandergrün

Den Knoblauch und den Ingwer im Mixer zu einer feinen Paste zermahlen. In einer Schüssel mit dem Hähnchenfleisch, dem Chili, der Sojasauce und dem Reiswein vermengen, einen Esslöffel des Sesamöls sowie den Reisessig und den Zucker unterrühren und das Fleisch 30 Minuten marinieren.

In einem Topf einen Esslöffel Sesamöl erhitzen. Die Karotte und die Frühlingszwiebeln 2–3 Minuten darin anschwitzen, die Brühe zugießen und zum Kochen bringen. Sobald sie aufwallt, die Hähnchenstreifen mit der Marinade hineingeben und zugedeckt etwa 20 Minuten köcheln lassen, bis das Fleisch gar ist.

Jetzt die Nudeln und den Pak Choi hinzufügen und in weiteren 3–4 Minuten weich kochen. Das Koriandergrün einstreuen und den Winterblues in großen Zügen wegschlürfen.

GERÖSTETE TOMATENSUPPE

MIT SCHINKEN-KÄSE-TOAST

Freunde und Liebhaber mögen kommen und gehen, doch auf einen wärmenden Teller knallrote Tomatensuppe ist immer Verlass.

FÜR 6 PERSONEN

1 kg reife Tomaten, halbiert
4 Knoblauchzehen, gehackt
3 buschige Zweige Thymian
2 rote Zwiebeln, in Streifen geschnitten
Meersalz und frisch gemahlener schwarzer Pfeffer
1 EL Zucker
1 EL Olivenöl
2 EL Balsamcioessig
1 l gute Gemüsebrühe
Basilikumblätter und Sahne oder Crème fraîche zum Servieren

Ob selbst gemacht oder aus der Dose, Tomatensuppe ist eine bewährte Medizin gegen ermüdende Lebensgeister, und diese hat dazu noch ausreichend Knoblauch, um eine drohende Erkältung zu verscheuchen. Das vorherige Rösten der Tomaten sorgt für einen besonders kräftigen Geschmack. Wellness im Becher.

Den Ofen auf 220 °C vorheizen. Die Tomaten mit den Schnittflächen nach oben in eine Bratenpfanne legen. Den Knoblauch, den Thymian und die Zwiebeln darüber und drumherum verteilen und mit Salz, Pfeffer und dem Zucker bestreuen. Das Olivenöl und den Balsamico darüberträufeln und alles 25–30 Minuten im Ofen backen, bis die Tomaten außen leicht schrumpelig sind. Aus dem Ofen nehmen.

Die Brühe zum Kochen bringen. Die Tomaten mit dem Knoblauch und den Zwiebeln darin 5 Minuten garen und mit einem Holzlöffel zerdrücken. Die Suppe in der Küchenmaschine pürieren, bis sie glatt und sämig ist. Auf tiefe Teller oder in Becher schöpfen und mit dem Basilikum garnieren. Einen Schuss Sahne oder einen Klecks Crème fraîche hineingeben und mit den Toasts servieren.

Für die Toastecken eine Grillpfanne stark erhitzen. Die Toastscheiben einseitig mit der zerlassenen Butter einpinseln, die Hälfte der Scheiben von der anderen Seite mit Senf bestreichen und mit dem Käse und Schinken belegen. Die gebutterten Brotscheiben auflegen – bestrichene Seite nach oben – und von beiden Seiten goldbraun und knusprig grillen. Die Toasts in je vier Quadrate schneiden und zu der Suppe servieren.

Für die Schinken-Käse-Toasts

60 g zerlassene Butter
12 dicke Scheiben Toastbrot
3–4 gehäufte EL scharfer Senf
250 g Greyerzer (Gruyère)
12 hauchdünne Scheiben Räucherschinken

BLUMENKOHL-BROKKOLI-AUFLAUF
MIT TOMATENSAUCE & PARMESANBRÖSELN

Überbackener Blumenkohl gehört zu den Gerichten, über die man als Kind die Nase rümpfte und in reiferen Jahren wehmütig wird.

FÜR 6 PERSONEN

1 mittelgroßer Blumenkohl, in Röschen zerteilt
1 mittelgroßer Brokkoli, in Röschen zerteilt
½ unbehandelte Zitrone (nach Belieben)
70 g Greyerzer (Gruyère), frisch gerieben

Für die Tomatensauce
1 rote Zwiebel, gehackt
2 Knoblauchzehen, gehackt
1 Schuss Olivenöl
Abgeriebene Schale und Saft von 1 unbehandelten Zitrone
1 getrocknete rote Chilischote, zerkrümelt
1 Dose (400 g) gehackte Tomaten
1 TL Zucker
1 TL getrockneter Oregano
8–10 Basilikumblätter, grob zerpflückt

Meine Begeisterung für Blumenkohlauflauf endet allerdings bei den matschigen Röschen, begraben unter einer pappigen Schmelzkäsesauce, die wir in der Schule serviert bekamen. Diese raffinierte Version wird in einer cremigen Käsesauce gegart, mit Parmesan überbacken und mit einem Klecks warmer Tomatensauce serviert.

In einem großen Topf Wasser aufkochen und den Blumenkohl darin etwa 6 Minuten garen. Den Brokkoli zugeben und beides weitere 4 Minuten garen, bis das Gemüse gar ist. (Wenn Sie eine halbe Zitrone mit ins Wasser geben, verfärbt sich der Kohl nicht.) Abgießen und gründlich abtropfen lassen.

Für die Tomatensauce die Zwiebel und den Knoblauch in etwas Olivenöl anbraten, bis sie goldgelb und weich sind. Die Zitronenschale und den Chili zugeben und alles weitere 2 Minuten anschwitzen. Die Tomaten, den Zucker und den Zitronensaft unterrühren und bei schwacher Hitze etwa 20 Minuten eindicken lassen. Sobald die Sauce sämig ist, den Oregano und das Basilikum zugeben.

Den Ofen auf 200 °C vorheizen. Für die Käsesauce die Butter in einem Topf zerlassen. Sobald sie aufschäumt, das Mehl einstreuen und 30 Sekunden anschwitzen. Nach und nach die Milch zugießen und dabei ständig umrühren, damit sich keine Klümpchen bilden. Ist sämtliche Milch im Topf, die Sauce unter Rühren zum Kochen bringen. Dann die Hitze herunterstellen und die Sauce unter ständigem Rühren garen, bis das Mehl gebunden hat. Den Cheddar oder Greyerzer unterrühren und mit Muskatnuss, Salz und Pfeffer würzen. Noch 2 Minuten unter Rühren köcheln lassen und vom Herd nehmen.

Den Blumenkohl und den Brokkoli in eine Auflaufform geben und mit der Käsesauce übergießen. Mit dem Greyerzer bestreuen und im Ofen in 20 Minuten goldgelb überbacken.

Für die Brösel die Butter in einem Topf mit schwerem Boden aufschäumen. Die Semmelbrösel hineingeben und rösten, bis sie goldbraun und knusprig zu werden beginnen. Den Parmesan einrühren, den Herd ausschalten und noch kurz weiterrühren.

Den Auflauf mit den Bröseln bestreuen, mit einem Klecks Tomatensauce überziehen und servieren.

Für die Käsesauce

40 g Butter
40 g Mehl
600 ml Vollmilch
70 g Cheddar oder Greyerzer, frisch gerieben
1 Prise geriebene Muskatnuss
Meersalz und frisch gemahlener schwarzer Pfeffer

Für die Parmesanbrösel

1 großes Stück Butter
100 g Semmelbrösel von altbackenem Ciabatta
40 g Parmesan, frisch gerieben

HÄHNCHENRAGOUT
UNTER DER TEIGHAUBE

Um ehrlich zu sein, ich bin verrückt nach allem, was irgendwie in Teig gehüllt ist, als hinge meine Karriere davon ab.

FÜR 6 PERSONEN

8 Hähnchenschenkel, enthäutet, entbeint und in mundgerechte Stücke geschnitten
Meersalz und frisch gemahlener schwarzer Pfeffer
1 großes Stück Butter
2 Stangen Lauch, geputzt und in dicke Stücke geschnitten
250 g Champignons, halbiert
4 buschige Zweige Thymian, Blätter abgezupft
Abgeriebene Schale und Saft von 1 unbehandelten Zitrone
2 EL Mehl, plus Mehl zum Bestauben
150 ml Weißwein
200 ml Sahne
3 EL gehackte glatte Petersilie
375 g Blätterteig (Fertigprodukt)
1 Ei, verquirlt

Blättrig oder mürbe, süß oder salzig, das ist mir ziemlich egal – Hauptsache Teig. Diese herzhafte Pie hat die Kraft, das Feuer neu zu entfachen, wenn man sich ausgebrannt fühlt. Zarte Stückchen Hähnchenfleisch in einer cremigen Sauce, versteckt unter einem knusprigen Teigdeckel ... schon ist die Welt wieder in Ordnung.

Den Ofen auf 200 °C vorheizen. Das Hähnchenfleisch kräftig mit Salz und Pfeffer würzen. Die Butter in einem Topf zerlassen und das Fleisch darin von allen Seiten bräunen. Den Lauch, die Champignons, den Thymian und die Zitronenschale zugeben und anbraten, bis die Pilze Farbe genommen haben. Das Mehl einstreuen, etwa 1 Minute unter Rühren anschwitzen und mit dem Wein ablöschen. Kurz bevor der Wein vollständig verdampft ist, die Sahne und den Zitronensaft zugießen, umrühren und 5 Minuten köcheln lassen. Die Petersilie untermengen, die Mischung in eine große Pie-Form geben und abkühlen lassen.

Den Blätterteig auf der leicht bemehlten Arbeitsfläche einen ½ Zentimeter dünn ausrollen und über die Pie-Form legen. Den überschüssigen Teig rundherum abschneiden und den Rand mit einer Gabel fest andrücken, sodass er vollständig schließt. Den Teigdeckel mit dem Ei bestreichen und die Pie 25 Minuten im Ofen backen, bis sie gut gebräunt ist.

Mit Kartoffelpüree servieren – die ultimative Liebkosung auf einem Teller.

HÄHNCHEN IN PANKO-PARMESAN-KRUSTE

Dieses panierte Hähnchen ist gewissermaßen ein Kinderessen für Erwachsene. Sie können dafür auch gewöhnliche Semmelbrösel verwenden, doch kann ich Ihnen nur dringend das japanische Panko ans Herz legen, das Sie im Asia-Laden bekommen – es sorgt für eine krachend knusprige Kruste.

FÜR 4 PERSONEN

5 EL Olivenöl
4 Hähnchenbrüste ohne Haut und Knochen
3 große Eier
3 EL Dijonsenf
150 g Panko (japanische Semmelbrösel)
100 g Parmesan, frisch gerieben
Meersalz und frisch gemahlener schwarzer Pfeffer

Für den Butterkohl

50 g Butter
1 Wirsingkohl, vom Strunk befreit und in Streifen geschnitten
1 kräftige Prise geriebene Muskatnuss

Den Ofen auf 200 °C vorheizen. Ein Backblech mit einem Esslöffel Olivenöl einfetten.

Die Hähnchenbrüste mit einem scharfen Messer waagerecht aufschneiden, sodass jeweils zwei dünne, aber noch zusammenhängende Scheiben entstehen. Derart geschnitten gart das Fleisch schneller und auch gleichmäßiger. Die Brüste aufklappen.

In einer flachen Schale die Eier mit dem Senf verschlagen. In einer weiteren Schüssel die Semmelbrösel mit dem Parmesan vermengen und mit Salz und Pfeffer würzen.

Das Fleisch in das verquirlte Ei tauchen und mit den gewürzten Semmelbröseln panieren. Den Vorgang wiederholen, sodass die Brüste doppelt paniert sind und die Hülle besonders knusprig wird. Die Hähnchenbrüste auf das Blech legen, mit dem restlichen Olivenöl beträufeln und 20 Minuten im Ofen backen, bis sie goldgelb und knusprig sind; nach der Hälfte der Garzeit umdrehen.

Für den Kohl die Butter in einem Topf aufschäumen und den Wirsing darin 10 Minuten sautieren, bis er gar ist, aber noch Biss hat. Mit Salz, Pfeffer und einer großzügigen Prise Muskatnuss würzen und zu den knusprigen Hähnchenbrüsten servieren.

KNUSPRIG FRITTIERTE KLEINE FISCHE MIT SCHNELLER TATARENSAUCE

Diese knusprigen kleinen Fische aß ich zum ersten Mal in The Chelsea Kitchen, ein großartiges britisches Restaurant, das leider das Zeitliche gesegnet hat.

Sie kamen hoch aufgetürmt auf einem Teller, noch zischend vom heißen Öl, serviert mit einer Zitronenspalte und einer kleinen Schale Tatarensauce. Als ich die erste Portion knabberte, knipste ich noch die kleinen Köpfe ab, doch bei der zweiten war es vorbei mit dem Findet-Nemo-Bonus und ich verschlang sie mit Haut und Haaren, unfähig den kleinsten Bissen liegenzulassen. Ich habe meine Version mit geröstetem Kreuzkümmel aufgepeppt, ein angenehm scharfer Kontrast zu der erfrischenden Tatarensauce. Ein Biss genügt und auch Sie hängen am Haken.

FÜR 2 PERSONEN

Erdnussöl zum Frittieren (siehe Hinweis Seite 12)
1 TL Kreuzkümmelsamen
1 TL Meersalz
125 g Mehl
1/2 TL Cayennepfeffer
500 g kleine Fische (beispielsweise Sardellen, Ährenfische oder kleine Stinte), gewaschen und abgetrocknet
Limettenspalten zum Servieren
Brot und Butter zum Servieren

Für die Tatarensauce

100 g gute Mayonnaise
2 EL Kapern, grob gehackt
2 EL Cornichons, grob gehackt
1 EL gehackte glatte Petersilie
1 EL gehackter Dill
Saft von 1/2 Zitrone
Meersalz und frisch gemahlener schwarzer Pfeffer

Die Tatarensauce ist ganz schnell zubereitet – einfach sämtliche Zutaten miteinander verrühren, das ist schon alles.

In einer Fritteuse oder einem hohen Topf ausreichend Erdnussöl erhitzen.

Den Kreuzkümmel in einer Pfanne trocken rösten. Die Samen, sobald sie zu knallen beginnen, mit dem Meersalz in den Mörser geben und zu einem groben Pulver zermahlen. Die Mischung mit dem Mehl und dem Cayennepfeffer vermengen und die Fische rundherum darin wenden.

Überschüssiges Mehl abschütteln und die Fische portionsweise etwa 2 Minuten in dem heißen Öl frittieren, bis sie knusprig sind. Geduld üben und nicht zu viele Fische auf einmal hineingeben, sonst endet alles mit einer matschigen Pampe. Auf Küchenpapier abtropfen lassen und mit der Tatarensauce, Limettenspalten sowie Brot und Butter servieren.

KURZ NOTIERT

Falls Sie keine frischen Fische dieser Größe bekommen, gibt es auch ausgezeichnete Tiefkühlprodukte.

MOZZARELLA-BASILIKUM-FLEISCHBÄLLCHEN IN TOMATEN-CHIANTI-SAUCE

Saftige Fleischbällchen verlangen nach nicht zu magerem Hackfleisch, darum bevorzuge ich das mit kleinen Fettstückchen durchsetzte rosafarbene Schweinehack.

FÜR 4 PERSONEN

1 mittelgroße Zwiebel, gehackt
Pflanzenöl zum Braten
2 Knoblauchzehen, gehackt
500 g Schweinehackfleisch
50 g frische Weißbrotbrösel
1 EL frischer Oregano
3 gehäufte EL gehackte glatte Petersilie
Abgeriebene Schale von 1 unbehandelten Zitrone
Saft von 1/2 Zitrone
25 g Parmesan, frisch gerieben, plus Parmesan zum Servieren
1/4 TL geriebene Muskatnuss
1 Ei, leicht verquirlt
1 TL scharfes Paprikapulver
100 g Büffelmozzarella
1 Handvoll große Basilikumblätter, plus extra zum Servieren
Meersalz und frisch gemahlener schwarzer Pfeffer
Gegarte Spaghetti zum Servieren

Fleischbällchen müssen auf der Zunge zergehen – hier sorgt die Füllung aus zartschmelzendem Mozzarella dafür – und sie sollten Feuer haben: Ich erledige das mit einem großzügigen Teelöffel scharfem Paprikapulver oder manchmal auch mit einer dicken roten Chilischote. *Great balls of fire* – das bringt es auf den Punkt!

Für die Fleischbällchen die Zwiebel in etwas Pflanzenöl goldgelb braten. Den Knoblauch zugeben, 2 Minuten anschwitzen und abkühlen lassen.

In einer großen Schüssel das Hackfleisch, die Brösel, den Oregano, die Petersilie, die Schale und den Saft der Zitrone, den Parmesan, die Muskatnuss, das verquirlte Ei, den Paprika und die abgekühlte Zwiebel-Knoblauch-Mischung gründlich vermengen.

Den Mozzarella in 20 kleine Stücke zerteilen und jedes Stück wie ein kleines Bonbon in ein Basilikumblatt wickeln. Die Hackmasse um die kleinen Käsepakete schmiegen und zu insgesamt 20 Bällchen formen.

In einer Pfanne etwas Pflanzenöl erhitzen. Die Fleischbällchen vorsichtig einlegen und bei schwacher bis mäßiger Hitze von allen Seiten bräunen. Gehen Sie am besten portionsweise vor und füllen Sie die Pfanne nicht zu voll. Die Bällchen, sobald sie rundherum Farbe genommen haben, herausheben und auf Küchenpapier abtropfen lassen.

Die Sauce zubereiten. Das Öl in der Pfanne weggießen und das Olivenöl darin erhitzen. Die Zwiebel bei mittlerer Hitze glasig schwitzen, den Knoblauch und den Chili zugeben und weitere 2 Minuten garen. Als Nächstes den Wein zugießen, bei starker Hitze aufkochen und den Bratensatz vom Pfannenboden losrühren. Den Wein um die Hälfte einkochen, dann die Tomaten, die Petersilie und den Zucker unterrühren und würzen. Zum Kochen bringen, die Fleischbällchen einlegen und bei schwacher Hitze 25 Minuten köcheln lassen, bis sie durchgegart sind. Mit frischem Basilikum und Parmesan bestreuen und mit Spaghetti oder einer Pasta Ihrer Wahl servieren.

KURZ NOTIERT

Greifen Sie zu einem körperreichen Chianti, damit die Sauce vollmundig und rund schmeckt, und nehmen Sie nicht zu viele Spaghetti – oder Sie fühlen sich danach wie ausgestopft.

Für die Tomaten-Chianti-Sauce

2 EL Olivenöl
1 große Zwiebel, gehackt
2 dicke Knoblauchzehen, gehackt
1 getrocknete rote Chilischote, zerkrümelt
250 ml Chianti
2 Dosen (je 400 g) gehackte Tomaten
3 gehäufte EL gehackte glatte Petersilie
1 TL Zucker
Meersalz und frisch gemahlener schwarzer Pfeffer

PIKANTE SHEPHERD'S PIE

Diese Pie wird mit einer Schicht Kartoffelpüree bedeckt, dick genug, um ein Iglu zu isolieren.

FÜR 4 PERSONEN

1 kräftiger Schuss Olivenöl
1 Zwiebel, sehr fein gehackt
1 Karotte, gehackt
3 Knoblauchzehen, gehackt
1 TL Kreuzkümmel
1/2 TL gemahlener Zimt
500 g Lammhackfleisch
200 g gehackte Tomaten
1 EL Tomatenmark
2,5 cm Ingwer, gerieben
2 grüne Chilischoten (Samen entfernt, wenn Sie es weniger scharf mögen), gehackt
1 EL Rotweinessig
Meersalz und frisch gemahlener schwarzer Pfeffer
100 g tiefgefrorene Erbsen
250 ml kochendes Wasser
Ketchup zum Servieren

Für das Kartoffelpüree

750 g mehligkochende Kartoffeln, geschält
75 g Butter
2 Eigelb
40 ml Milch
40 ml Sahne
1 kleine Prise scharfes Paprikapulver

Wenn die Temperatur im freien Fall ist und es bereits dunkel wird, bevor Sie Gelegenheit hatten, den Sieben-Uhr-Wecker auszuschalten, hier ist das Gericht, das Leib und Seele zusammenhält. Betrachten Sie es als eine Art Frostschutzmittel mit Nährwert. Die Gewürze und der Chili werden Ihnen schnell einheizen.

Den Ofen auf 200 °C vorheizen. Die Kartoffeln für das Püree in kleine Würfel schneiden und in Salzwasser in 10–15 Minuten weich kochen. Abgießen.

Inzwischen das Olivenöl in einem großen Topf erhitzen. Die Zwiebel, die Karotte und den Knoblauch darin goldbraun anschwitzen, den Kreuzkümmel und den Zimt einstreuen und einige Minuten garen, bis es aromatisch duftet. Das Hackfleisch zugeben, rundherum braun anbraten und dabei mit einem Holzlöffel zerdrücken, damit sich keine Klümpchen bilden.

Sobald das Fleisch gebräunt ist, die Tomaten, das Tomatenmark, den Ingwer, den Chili und den Essig zugeben, mit Salz und Pfeffer würzen und etwa 8 Minuten schmoren. Wenn die Tomaten zerfallen sind, die Erbsen unterrühren, das Wasser zugießen und zugedeckt 25 Minuten garen.

Die Kartoffeln zerstampfen. Die Butter und die Eigelbe einarbeiten, nach und nach die Milch und die Sahne zugießen und weiter stampfen, bis ein glattes Püree entstanden ist.

Das Fleisch in eine Auflaufform füllen und dick mit dem Kartoffelpüree bedecken. Nicht ganz glatt streichen, die kleinen Spitzen und Falten werden besonders knusprig und geben der Pie einen ländlich-rustikalen Look – eben wie selbst gemacht. Mit dem Paprikapulver bestreuen und 25 Minuten im Ofen goldbraun backen. Vor den Kamin setzen, Teller auf dem Schoß und mit einem Klecks Ketchup genießen.

KARDAMOMPLÄTZCHEN

Nichts ist tröstlicher als eine heiße Tasse Tee und ein paar Plätzchen zum Eintunken.

ERGIBT 26 KLEINE PLÄTZCHEN

100 ml Pflanzenöl, plus Öl zum Einfetten
200 g Mehl
50 g Kichererbsenmehl
75 g Puderzucker
½ TL zerstoßene Kardamomsamen
14 Pistazienkerne, längs halbiert

Als Kind war ich vernarrt in diese Kekse und auch heute noch kann ich von den krümeligen Dingern mit der wärmenden Würze des Kardamoms nicht genug kriegen. Sie schmecken zu einem kräftigen Schwarztee, doch für maximalen Genuss tunken Sie sie am besten in eine Tasse indischen Tee.

Den Ofen auf 180 °C vorheizen und ein Backblech einfetten.

Sämtliche trockenen Zutaten (bis auf die Pistazien) in eine Schüssel sieben, das Öl zugießen und alles zu einem festen Teig verkneten. Gehäufte Teelöffel Teig abstechen und zwischen den Händen zu Kugeln rollen. Die Teigkugeln abflachen und je eine Pistazienhälfte in die Mitte drücken.

Die Plätzchen auf das Blech legen und in etwa 25 Minuten goldbraun backen. Auf einem Kuchengitter abkühlen lassen.

SCHNELLER INDISCHER TEE

Dieses Rezept umgeht das ganze aufwendige Drumherum und liefert im Nu einen aromatischen „chai", der mindestens genauso gut schmeckt wie das Original.

Normalerweise ist indischer Tee ein Mordsaufwand. Er wird mit Gewürzen in einem Topf gekocht und muss eine halbe Ewigkeit ziehen, bevor man einen kräftigen Schuss Milch zugießt, die nichts Besseres zu tun hat, als überzukochen, sobald man ihr den Rücken kehrt, um den schön sauberen Herd zu bekleckern.

FÜR 4 TASSEN

4 Becher Wasser
2 TL Fenchelsamen
3 grüne Kardamomkapseln
1 Zimtstange
5 Gewürznelken
4 Teebeutel oder 2 gehäufte TL loser Tee (ich liebe kenianischen Tee)
Milch und Zucker nach Geschmack

Das Wasser in einem Wasserkocher zum Kochen bringen. Inzwischen sämtliche Gewürze leicht zerstoßen und mit den Teebeuteln oder dem Tee in eine Teekanne geben. Das kochende Wasser zugießen und den Tee einige Minuten ziehen lassen. In Tassen füllen, Milch und Zucker nach Geschmack zugeben und genießen – ein Tässchen Glück.

KÄSEKUCHEN MIT OREO-KEKSEN

Wenn es einen Nachtisch gibt, in den ich mich reinlegen könnte, dann diesen.

FÜR 12 PERSONEN

Für den Boden
250 g Oreo-Kekse (oder andere dunkle Doppelkekse mit Vanillecremefüllung)
50 g Butter, zerlassen

Für den Belag
500 g Frischkäse
1 EL Vanilleextrakt
4 große Eier, getrennt
100 g heller, feiner Rohrohrzucker (aus dem Bioladen)
200 g saure Sahne
200 g Oreo-Kekse

Nichts reicht an seine feste und zugleich zarte Konsistenz heran und was den Boden angeht, der ist doppelt gut – süß, aber nicht aufdringlich, wie ein Liebhaber, der sich noch ein wenig ziert und so das Verlangen nur noch schürt.

Den Ofen auf 170 °C vorheizen. Für den Boden die Kekse in einem Gefrierbeutel mit dem Wellholz zu feinen Bröseln zermahlen. Unter die zerlassene Butter rühren, auf dem Boden einer Springform mit 20 Zentimeter Durchmesser verteilen und fest andrücken. Im Ofen 15 Minuten backen, um den Boden zu härten; abkühlen lassen.

Jetzt geht es an den himmlischen Belag. Den Frischkäse mit dem Vanilleextrakt, den Eigelben und dem Zucker verschlagen. Die saure Sahne zugeben und unterschlagen. Die Kekse zerkrümeln und gleichmäßig unterrühren.

Die Eiweiße steif schlagen, bis sich weiche Spitzen bilden – der Eischnee sorgt für die luftige Konsistenz. Vorsichtig unter die Käsemasse ziehen, darauf achten, dass der Eischnee nicht wieder zusammenfällt.

Die Mischung auf den Boden gießen und 1 Stunde 45 Minuten backen. Widerstehen Sie der Versuchung, die Ofentür zu öffnen, auch nicht für einen kurzen Blick – eine echte Geduldsprobe, die sich auszahlt! Ist die Garzeit abgelaufen und der Kuchen goldbraun, den Ofen ausschalten und den Kuchen bei geöffneter Tür noch 1 Stunde darin ruhen lassen.

Kalt servieren. Am besten schmeckt er im Bett mit einem Löffel, groß wie eine Schaufel.

KURZ NOTIERT

Falls Sie keine Oreo-Kekse bekommen (sie stammen ursprünglich aus Amerika), können Sie auch andere helle oder dunkle Doppelkekse mit Cremefüllung verwenden.

GEWÜRZTER MILCHREIS MIT KAROTTEN

Milchreis mit Karotten klingt vielleicht verrückt, doch ich verspreche Ihnen, man muss nicht Bugs Bunny heißen, um ihn zu mögen.

Wenn Sie dieses Rezept einmal ausprobiert haben, werden Sie Milchreis nie wieder auf andere Weise zubereiten. Die geraspelten Karotten zerfallen beim Garen und infizieren den Reis mit ihrer natürlichen Süße, während der Kardamom einen wärmenden Hauch von Schärfe beisteuert. Das wär's schon.

FÜR 6 PERSONEN

1,2 l Vollmilch
100 g Milchreis
2 mittelgroße Karotten, geschält und geraspelt
60 g Zucker
50 g Mandelsplitter
1 TL zerstoßene Kardamomsamen
200 ml Sahne

Die Milch in einen Topf mit schwerem Boden gießen. Den Reis und die Karotten zugeben und bei schwacher Hitze 20–25 Minuten köcheln lassen; regelmäßig umrühren. Sobald der Reis gar ist, den Zucker, die Mandeln und den Kardamom unterrühren. Weiter 10 Minuten unter Rühren quellen lassen, bis sich der Zucker vollständig aufgelöst hat.

Zuletzt die Sahne zugießen und den Reis noch einmal 2–3 Minuten erhitzen, bis er eine cremige Konsistenz angenommen hat. Heiß oder kalt servieren.

SÜSSER AUFLAUF ZUM NACHMITTAGSTEE

Ich wünschte, ich hätte mehr Zeit für die Teatime.

Um drei einen Tisch im *Wolsley* und bei *scones* nach Promis Ausschau halten, das ist meine Vorstellung von einem gelungenen Nachmittag, doch die traurige Realität ist eine andere. Bei einem vollen Terminkalender und *Wolsleys* kilometerlanger Warteliste können wir uns glücklich schätzen, wenn wir Gelegenheit zu ein paar Vollkornkeksen bekommen. Gott sei Dank ist immer Zeit für einen abendlichen Nachtisch und dieser macht die Entbehrungen der Teatime schnell vergessen.

FÜR 6 PERSONEN

40 g Butter, plus extra zum Einfetten
6 *scones* (ersatzweise Milchbrötchen)
Himbeerkonfitüre
3 große Eier
125 g extrafeiner Zucker
250 ml Sahne
250 ml Vollmilch
1 Vanilleschote, aufgeschlitzt
Original *clotted cream* zum Servieren (ersatzweise Crème double)

Den Ofen auf 190 °C erhitzen. Eine ofenfeste Form mit Butter einfetten.

Die Brötchen waagerecht in dünne Scheiben schneiden (Sie sollten pro *scone* drei Scheiben erhalten) und auf einer Seite mit Butter und Konfitüre bestreichen. Die Scheiben mit der bestrichenen Seite nach oben leicht überlappend in die Form legen. Wenn Sie jede Portion einzeln servieren möchten, pro Portion einen *scone* in ein kleines Auflaufförmchen schichten; darauf achten, dass die obere Schicht gut mit Konfitüre bedeckt ist.

In einer Schüssel, die Eier und den Zucker verschlagen, bis sich der Zucker aufgelöst hat. Jetzt die Sahne, die Milch und die Vanilleschote in einem Topf bis knapp zum Siedepunkt erhitzen und vom Herd nehmen. Die Vanilleschote entfernen, und die Mischung unter Rühren langsam in die Eiermasse gießen.

Die Eiercreme über die *scones* gießen und diese etwa 15 Minuten einweichen lassen. Den Auflauf in eine Bratenpfanne stellen, diese bis zur halben Höhe der Form mit kochendem Wasser füllen und den Nachtisch im Ofen 40 Minuten garen. Durch das Garen im Wasserbad bleibt der Auflauf wunderbar saftig, da der aufsteigende Dampf das Austrocknen verhindert. Mit einem Klecks *clotted cream* und einer Kanne Tee servieren.

KAPITEL VIER

PMS

Okay, ich geb's ja zu. Wie die meisten Frauen brauche ich keinen Vorwand, um bei Schokolade schwach zu werden, doch es gibt Momente im Leben einer Frau, da nur ihr zarter Schmelz noch hilft. Außerdem habe ich herausgefunden, dass sie eine ziemlich sichere Waffe gegen die großen und kleinen Katastrophen des Lebens ist. Ob der Seitensprung des Freundes oder hormonelle Gefühlsschwankungen, nichts vertreibt einen bitteren Nachgeschmack besser als Schokolade.

Köche schwärmen von dunkler Schokolade mit 70 Prozent Kakao, als wäre sie aus Gold, doch so sehr ich ihren Wohlgeschmack und das oft hübsche Papier schätze (ja, lieber Leser, ich habe einen Verpackungstick), ich mag auch das satte, klebrige Gefühl, das ein Mars-Riegel am Gaumen hinterlässt.

Also, greifen Sie zum Löffel und geben Sie dem Verlangen nach!

G&B's

FRECHER CHOCOLATINI

Wer behauptet, man soll nicht allein trinken?

ERGIBT 2 SCHOKOLADIGE COCKTAILS

Zerstoßenes Eis
125 ml Schokoladenlikör
100 ml Wodka
30 g gute Bitterschokolade, gerieben
Einige Streifen unbehandelte Orangenschale

Diesen hochprozentigen Fitmacher schlürfe ich gern allein an Tagen prämenstrueller Beschwerden – und was soll ich sagen, es hilft! Außerdem ist bei dem rigiden Rauchverbot Schokolade mit Schuss so etwas wie die neue Form von Zigarette und Drink – nur viel geselliger, selbst wenn man mutterseelenallein ist.

Einen Cocktailshaker mit zerstoßenem Eis füllen, den Schokolikör und den Wodka zugießen und wie wild schütteln, dass Tom Cruise vor Neid erblassen würde. In zwei Martinigläser oder Espressotassen abseihen, die Schokolade hineinstreuen und mit der Orangenschale garnieren. Anstoßen und runter damit.

DIE BESTE HEISSE SCHOKOLADE

Vergessen Sie den geschmacklosen, kalorienreduzierten Instantkakao. Dies ist der Trank der Göttinnen – weil Sie es sich wert sind.

Die Milch, die Sahne, den Zucker, die Vanilleschote, den Kakao, das Salz und die Orangenschale in einem Topf vermengen und bis knapp unter den Siedepunkt erhitzen. Bei schwacher Hitze etwa 5 Minuten sieden lassen, jedoch nicht kochen.

Die Schokolade im heißen Wasserbad schmelzen und durch ein Sieb die Milch zugießen. Die festen Bestandteile wegwerfen (die Vanilleschote können Sie trocknen und zur Herstellung von Vanillezucker verwenden). Unter Rühren weiter erhitzen, bis die Mischung richtig heiß ist – heiße Schokolade sollte niemals lauwarm sein. Mit einem Schneebesen kräftig schlagen, bis sie schön schaumig ist, in Tassen füllen und mit großen Marshmallows garnieren. Jetzt noch das »Bitte nicht stören«-Schild raushängen und genießen.

FÜR 2 PERSONEN

200 ml Vollmilch
35 ml Sahne
2 TL brauner Zucker
1 Vanilleschote, längs aufgeschlitzt
15 g Kakao von guter Qualität
1 Prise Salz
Abgeriebene Schale von ½ unbehandelten Orange
50 g sehr gute Bitterschokolade (mindestens 70 % Kakao)
2 Marshmallows

KURZ NOTIERT

Ein heißes Wasserbad oder *bain-marie* besteht aus einem Topf mit kochendem Wasser darin und einer hitzebeständigen Schüssel, die darauf gesetzt wird. Die Schüssel darf das Wasser nicht berühren, sie wird indirekt durch den aufsteigenden Dampf erhitzt. Es ist eine hervorragende Methode, hitzeempfindliche Zutaten wie Schokolade und Eier oder zarte Rahmsaucen zu garen, die beim direkten Hitzekontakt leicht gerinnen.

Mit zwei Esslöffeln Weinbrand können Sie Ihrer Schokolade einen kleinen Extrakick geben.

SCHOKOLADEN-ORANGEN-BROWNIES

Wenn Sie ein zügelloser Schokoholic und auf der Suche nach dem nächsten Trip sind, werden Sie diese saftigen Brownies in den Sternenhimmel katapultieren.

FÜR 12 PERSONEN – ODER FÜR 1, DAS LIEGT BEI IHNEN

225 g Butter, plus Butter zum Einfetten
225 g Bitterschokolade, grob in Stücke zerteilt
4 Eier
300 g heller, feiner Rohrohrzucker
2 TL Vanilleextrakt
Abgeriebene Schale von 1 unbehandelten Orange
2 EL Orangensaft
½ TL Meersalz
150 g Mehl
1 TL Backpulver
100 g weiße Schokoladentropfen

Nur noch *ein* Stückchen? Nun gut, es gibt weiß Gott schlimmere Drogen …

Den Ofen auf 180 °C vorheizen. Ein Backblech oder eine kleine Bratenpfanne von 20 × 20 Zentimeter Größe einfetten.

Die Butter und die Schokolade im heißen Wasserbad (siehe Kurz notiert Seite 97) schmelzen lassen. In einer zweiten Schüssel die Eier, den Zucker, die Vanille, die Schale und den Saft der Orange sowie das Salz schaumig schlagen. Das Mehl mit dem Backpulver mischen und unterrühren. Die Mischung in die zerlassene Schokolade geben. Die Schokotröpfchen hineinwerfen und noch ein letztes Mal umrühren.

Den Teig in die vorbereitete Form gießen und 35–40 Minuten backen. Zur Garprobe mit einem Spieß einstechen. Die Oberfläche sollte eine dünne Kruste gebildet haben, die Mitte noch weich, aber nicht roh sein. Vor dem Stürzen aus der Form abkühlen lassen.

BLAUBEERMUFFINS MIT WEISSER SCHOKOLADE

Die Muffins strotzen nur so vor gesunden Blaubeeren, darum sollte Ihnen diese kleine Nascherei keine allzu großen Schuldgefühle bereiten.

ERGIBT ETWA 16 MUFFINS

Für den Muffinteig
450 g Mehl
2 ½ TL Backpulver
175 g feiner, heller Rohrohrzucker
½ TL Meersalz
Abgeriebene Schale von ½ unbehandelten Zitrone
200 g weiße Schokolade, gehackt
250 g Blaubeeren
50 g Butter, zerlassen
350 ml Vollmilch
1 großes Ei, verquirlt

Für die Streusel
50 g Mehl
50 g feiner, heller Rohrohrzucker
½ TL gemahlener Zimt
25 g Butter

Die krümelige Streuselkrone macht diese Muffins zu einer besonderen Leckerei, außerdem liebe ich die violetten Farbkleckse, die die beim Backen platzenden Beeren in den Papierschälchen hinterlassen.

Den Ofen auf 190 °C vorheizen. Ein Muffinblech mit 16 Vertiefungen mit Papierschälchen auskleiden.

Zuerst die Streusel zubereiten: In einer Schüssel das Mehl, den Zucker und den Zimt vermengen. Die Butter in kleine Würfel schneiden und mit den Fingern in das Mehl reiben, bis die Mischung eine krümelige Konsistenz angenommen hat. Macht nichts, wenn ein paar größere Streusel verbleiben, sie geben Ihren Muffins den besonderen Knuspereffekt.

Jetzt zur Hauptsache. Das Mehl und das Backpulver in eine Schüssel sieben. Zuerst den Zucker und das Salz und dann die Zitronenschale, die Schokolade und die Blaubeeren untermengen. Zum Schluss die Butter, die Milch und die Eier unterziehen. Das Mischen erfordert keinen Kraftakt – einfach alle Zutaten vermengen, bis sie gleichmäßig verteilt sind.

Den Teig bis fast zum Rand in die vorbereiteten Formen füllen, mit den Streuseln bestreuen und etwa 25 Minuten im Ofen backen. Zur Probe mit einem Spieß einstechen – er sollte ganz sauber wieder herauskommen.

Diese Muffins schmecken am besten kalt, aber wer will es Ihnen übelnehmen, wenn Sie schon mal einen von den heißen probieren.

MITTERNACHTSHEISSHUNGERKEKSE

In Sachen Sauberkeit bin ich ziemlich pedantisch, doch wenn es um mein Bett geht, findet sich immer irgendein piekender Krümel – ist ja auch ein lauschiges Plätzchen für ein Plätzchen …

ERGIBT 12 GROSSE KEKSE

125 g weiche Butter
175 g heller, feiner Rohrohrzucker
1 großes Ei
100 g dunkle Schokoladentröpfchen
2 TL Vanilleextrakt
150 g Mehl
½ TL Backnatron
½ TL Meersalz

Diese knusprigen Riesenkekse und ein Glas Milch sind bei mir das einzig wirksame Mittel gegen Schlaflosigkeit.

Den Ofen auf 180 °C vorheizen. Ein bis zwei große Backbleche mit Backpapier auslegen.

Die Butter und den Zucker hellgelb und cremig rühren. Das Ei, die Schokotröpfchen und den Vanilleextrakt unterschlagen, dann das Mehl, das Natron und das Salz hineinsieben und alles zu einem glatten Teig verarbeiten.

Den Teig in zwölf Portionen teilen, jede Portion zu einer Kugel rollen, die Kugeln auf die Bleche legen und leicht abflachen. Lassen Sie genügend Abstand zwischen den Keksen, sie haben die Angewohnheit, sich beim Backen auszubreiten.

Für krachend knusprige Kekse 12–15 Minuten backen und vor dem Ablösen leicht abkühlen und aushärten lassen. Vorsichtig von dem Backpapier lösen und auf einem Kuchengitter vollständig erkalten lassen. Mit einem Glas kalter Milch oder einer Tasse Tee servieren.

CREMIGE SCHOKOLADEN-MALZ-KÜCHLEIN

Diese kleinen Küchlein sind so ein Zwischending aus Biskuit und Soufflé.

Außen fest und federnd, innen eine klebrige Pfütze aus cremiger Schokoladensauce – dick auftragen ist mit diesem Dessert kein Kunststück. Doch gehört auf jeden Fall noch eine Kugel Vanilleeis oder zumindest ein Klecks Sahne dazu.

FÜR 8 PERSONEN

150 g weiche Butter, plus Butter zum Einfetten
250 g heller, feiner Rohrohrzucker (Bioladen)
3 Eier
225 g Mehl
2 TL Backpulver
50 g Kakaopulver von guter Qualität
60 g Malzmilchpulver (beispielsweise Ovomaltine)
250 ml Vollmilch
150 g dunkle Schokoladentröpfchen

Für die Sauce

150 g brauner Zucker
40 g Malzmilchpulver
25 g Kakaopulver
350 ml kochendes Wasser

Den Ofen auf 180 °C vorheizen. Acht kleine Auflaufförmchen ausbuttern.

Die Butter und den Zucker hellgelb und cremig rühren. Nacheinander die Eier hineinschlagen und sorgfältig einarbeiten. Das Mehl, das Backpulver, den Kakao und das Malzmilchpulver hineinsieben und untermengen. Nach und nach die Milch zugießen, glatt rühren und zuletzt die Schokoladentröpfchen untermischen. Den Teig in die Förmchen füllen.

Für die Sauce den Zucker, das Malzmilchpulver und den Kakao mit dem kochendheißen Wasser vermengen. Gut umrühren, bis alles gleichmäßig vermischt ist, und dann zu gleichen Teilen über die Küchlein gießen. Im Ofen 20–25 Minuten backen, bis die Küchlein an der Oberfläche gestockt, innen aber noch cremig und weich sind.

BANANEN-SCHOKOLADENKUCHEN

Wenn Sie einen ultraleichten Kuchen für superdünne Topmodels während der Fashion Week suchen, sollten Sie lieber weiterblättern.

FÜR 8 PERSONEN

250 g Mehl
1 TL Backpulver
1 TL Backnatron
1 Prise Meersalz
150 g dunkle Schokoladentröpfchen
100 g gehackte Walnusskerne
50 g Butter
225 g feinster Zucker
2 große Eier
3 mittelgroße Bananen, zerdrückt
2 TL Vanilleextrakt

Dieser Kuchen ist ein Kraftpaket aus Nüssen, herber Schokolade und süßen Bananen, gewissermaßen der Schwergewichtschampion in der Welt der Backwaren – aber jede einzelne Kalorie ein Hochgenuss.

Den Ofen auf 180 °C vorheizen. Eine Kastenform mit Backpapier auskleiden.

Das Mehl, das Backpulver, das Backnatron und das Salz in einer Schüssel vermengen. Die Schokoladentröpfchen und die Walnüsse in eine zweite Schüssel geben, einen Esslöffel der Mehlmischung hinzufügen und gründlich untermischen.

In einer weiteren Schüssel oder in der Küchenmaschine die Butter schaumig schlagen und den Zucker unterrühren. Nacheinander zuerst die Eier und dann das Bananenmus und den Vanilleextrakt einarbeiten. Die Masse sollte goldgelb und wunderbar locker sein. Zuletzt die Mehlmischung unterheben und alles zu einem dicken Teig verschlagen.

Ein Drittel des Teiges in die Form füllen und die Hälfte der Schoko-Walnuss-Mischung darüberstreuen. Mit einem weiteren Drittel Teig bedecken und den Rest der Schoko-Nuss-Mischung darauf verteilen. Den restlichen Teig einfüllen, eine Messerklinge senkrecht in den Teig tauchen und ein Zickzackmuster beschreiben, um Schokolade und Nüsse ein wenig zu verteilen.

Den Kuchen im Ofen 1 Stunde backen. Zur Garprobe einen Spieß einstechen – haftet nach dem Herausziehen noch flüssiger Teig daran, die Backzeit um 15 Minuten verlängern. Vor dem Stürzen vollständig abkühlen lassen und anschließend in dicke Scheiben schneiden.

GEEISTE SCHOKOBANANEN

So verwandelt man ein paar banale Bananen in einen Leckerbissen.

Ein Backblech mit Backpapier auslegen. Jede Bananenhälfte wie einen Lolly auf einen Holzspieß stecken. Auf das Blech legen und für 20 Minuten in den Gefrierschrank stellen.

Die Schokolade und das Öl in eine hitzebeständige Schüssel geben, auf einen Topf mit kochendem Wasser setzen und rühren, bis die Schokolade geschmolzen ist und seidig glänzt.

Die angefrorenen Bananenhälften in die flüssige Schokolade tauchen, mit den Nüssen bestreuen und wieder einfrieren, bis die Schokolade ausgehärtet ist.

FÜR 8 PERSONEN

4 Bananen, geschält und halbiert
170 g Bitterschokolade, grob gehackt
2 EL Pflanzenöl
100 g gehackte Nüsse

KURZ NOTIERT
Sind die Schokobananen für Kinder gedacht, ersetzen Sie die Bitter- durch Vollmilchschokolade und die Nüsse durch 60 Gramm Liebesperlen.

HIMBEER-SCHOKOLADEN-EISLOLLYS

Dieses Eis am Stiel ist unverschämt lecker, eine sündhafte Versuchung aus säuerlichen Himbeeren und feinster Bitterschokolade.

Bei Lollys für Erwachsene sollten Sie unbedingt einen Schuss *crème de framboise* zugeben, auch ein Spritzer Wodka ist möglich. Jungfrau oder nicht – dies ist der perfekte Nachtisch am Stiel.

ERGIBT 8 LECKERE LOLLYS

Für das Himbeereis

300 g frische oder tiefgefrorene Himbeeren
50 g feinster Zucker
Saft von 1 Zitrone
450 ml kaltes Wasser
2 EL Himbeerlikör (nach Belieben)

Für das Schokoladeneis

200 ml Sahne
100 g Bitterschokolade, grob gehackt

Die Himbeeren, den Zucker, den Zitronensaft und das Wasser in einem Topf vermengen und langsam zum Kochen bringen. Abkühlen lassen.

Den Himbeerlikör (falls verwendet) unterrühren und die Mischung durch ein feines Sieb in eine Schüssel streichen. Die Kerne wegwerfen.

Die Mischung auf acht Eislolly-Formen verteilen – ich fülle sie immer drei Viertel voll – und in den Gefrierschrank legen, bis sie teilweise gefroren sind. Das dauert etwa 30 Minuten.

Inzwischen das Schokoladeneis zubereiten. Die Sahne in einem Topf bis knapp an den Siedepunkt erhitzen. Vom Herd nehmen und die Schokolade einrühren, bis sie geschmolzen ist.

Die Eislollys aus dem Gefrierschrank nehmen, mit der flüssigen Schokolade auffüllen und wieder einfrieren, bis sie ganz fest geworden sind.

KURZ NOTIERT

Zum Herauslösen der Eislollys die Formen kurz in eine Schüssel mit warmem Wasser tauchen, bis sie sich am Rand lösen. Anschließend lassen sie sich ganz leicht herausziehen.

NÜSSE, LOKUM UND FRÜCHTE IM SCHOKOLADENMANTEL

Diese Nascherei aus dem Kühlschrank verbirgt einen Schatz aus Nüssen, Rosinen, Keksen und Perlen von Lokum. Ein tolles Geschenk, wenn Sie bereit sind, es herzugeben.

FÜR 12 PERSONEN

200 g Bitterschokolade, grob gehackt
125 ml Sahne
125 g Vollkornkekse
40 g Pistazienkerne, halbiert
40 g geröstete Mandelblättchen
40 g Rosinen
3 Riegel (je 55 g) Lokum (vorzugsweise Fry's Turkish Delight), in Würfel zerkleinert

Eine 18 × 18 Zentimeter große Backform mit Frischhaltefolie auskleiden und genügend Folie zum vollständigen Bedecken überhängen lassen.

Die Schokolade im heißen Wasserbad schmelzen, die Sahne zugießen, die Masse glatt rühren und abkühlen lassen.

Inzwischen die Kekse in einer Schüssel mit dem Griffende eines Wellholzes grob zerbröckeln und mit den Pistazien, den Mandeln, den Rosinen und dem Lokum vermengen. Die etwas abgekühlte noch flüssige Schokolade zugießen und umrühren, bis sämtliche Früchte, Nüsse und Kekskrümel gut bedeckt sind.

Die Mischung in die Form gießen und fest hineindrücken. Mit der Folie bedecken und 4–6 Stunden kalt stellen. In Vierecke schneiden und servieren.

SCHOKOLADENEISTORTE

Diese Torte schmeckt wahnsinnig gut und macht kaum Arbeit. Ein bisschen Mahlen und Mischen, das ist schon alles.

Die optimale Belohnung für Schokoholics auf Knopfdruck, denn sie lässt sich im Gefrierschrank mindestens eine Woche aufbewahren – was will man mehr?

FÜR 8–10 PERSONEN

- 200 g Doppelkekse mit Vanillecremefüllung
- 60 g Butter, zerlassen
- 1 l Schokoladeneis
- 150 g Schokokugeln mit Knusperkern (beispielsweise Maltesers), grob zerkrümelt
- 12 Walnusshälften
- 1 Schuss gute Schokoladensauce

Den Ofen auf 170 °C vorheizen. Die Kekse in einen Gefrierbeutel stecken und mit dem Wellholz zu Bröseln zermahlen. In eine Schüssel streuen, die zerlassene Butter zugeben und gut verrühren. Die Mischung in eine 20-Zentimeter-Springform pressen und 15 Minuten im Ofen backen. Abkühlen lassen.

Das Schokoladeneis etwas antauen lassen, bis es geschmeidig ist. Die grob zerbröckelten Maltesers untermengen, die Masse auf dem abgekühlten Boden verteilen und glatt streichen. Rundherum mit den Walnusshälften garnieren und einfrieren.

Die Schokoladeneistorte in große Stücke schneiden und mit warmer Schokoladensauce servieren.

KAPITEL FÜNF

Glotze, Fernbedienung und einen Teller ganz für mich allein

Wir alle brauchen etwas Zeit für uns selbst

Drei gute Gründe für einen Abend allein zu Hause:

1 Sie haben die uneingeschränkte Macht über die Fernbedienung.
2 Sie können in den zerschlissensten Jogginghosen herumlaufen – zum Essen in Schale schmeißen nicht nötig.
3 Vornehme Zurückhaltung ist überflüssig – Sie dürfen die Schüssel allein auskratzen, ohne die letzte Kartoffel selbstlos jemand anderem zu offerieren.

Ein Freitagabend ohne Verabredung sollte ein Fest sein, kein Anlass, bei Chips, Dips und einem Becher Eiscreme in Selbstmitleid zu ertrinken. Die Reue am nächsten Morgen folgt ohnehin auf dem Fuß! Für sich allein zu kochen, muss nicht schwierig oder aufwendig sein. Zum kompletten Wohlfühlpaket gehört bei mir übrigens auch Gesichtsmaske, Maniküre und Pediküre.

Hier eine Auswahl meiner besten *dinners for one* – exakt bemessen für eine Party allein zu Haus.

POLLACK MIT CHORIZO, CANNELLINI-BOHNEN & MANGOLD

Dieses Rezept knüpft an die spanische Tradition an, weißfleischigen Fisch mit kräftiger Paprikawurst zu kombinieren.

Ich liebe es, wie das würzig-scharfe Öl der Chorizo in der Brühe schmilzt, um Fisch und Bohnen rot wie einen Sonnenuntergang in Technicolor zu färben. Eine herzhafte Mahlzeit an einem Freitagabend allein.

FÜR 1 PERSON

1 Schuss Olivenöl
50 g rohe Chorizo, in Scheiben geschnitten
1 Knoblauchzehe, gehackt
100 g Cannellini-Bohnen aus der Dose, abgespült und abgetropft
125 ml Weißwein
1 Prise Safranfäden, in etwas warmem Wasser zerstoßen
1 Pollackfilet von etwa 150 g (ersatzweise Seelachs)
Meersalz und frisch gemahlener schwarzer Pfeffer
1 Handvoll Mangold, zerpflückt
Saft von ½ Zitrone
Zitronenspalte zum Servieren

Das Olivenöl in einem Topf erhitzen und die Chorizo darin anbraten, bis sie knusprig ist und das Öl orangerot gefärbt hat. Den Knoblauch zugeben und anschwitzen, bis er aromatisch duftet, dann die Bohnen hinzufügen und umrühren, bis sie von allen Seiten mit Öl bedeckt sind. Den Weißwein und den eingeweichten Safran zugießen und rasch auf die Hälfte einkochen.

Den Fisch von beiden Seiten mit Salz und Pfeffer würzen. Den Mangold unter die Bohnen und die Chorizo mengen und das Filet einlegen. Einen Deckel auflegen, die Hitze herunterstellen und den Fisch etwa 6 Minuten behutsam dämpfen, bis er gar und nicht mehr glasig ist.

Mit dem Zitronensaft beträufeln und mit einer Zitronenspalte und Brot zum Auftunken der würzigen Brühe servieren.

KÄSETOAST MIT CHILI

Eine einfache, bescheidene Mahlzeit ist häufig die größte Freude, wenn man alleine isst.

Für 1 Person

½ rote Zwiebel, fein gehackt
1 Tomate, fein gewürfelt
1 grüne Chilischote (Samen entfernt, wenn Sie es nicht so feurig mögen), fein gehackt
¼ grüne Paprikaschote, von den Samen befreit und fein gehackt
3 EL gehacktes Koriandergrün
2 TL süße Chilisauce oder Tomatenketchup
Frisch gemahlener schwarzer Pfeffer
2 dicke Scheiben Weißbrot
100 g Cheddar oder ein anderer Hartkäse, gerieben

Ich könnte mit Baguette oder Crackern problemlos einen ganzen Block Käse verdrücken, aber ich mag auch diese schmucklosen Käsetoasts mit Chili, die wie Pizza weder Messer noch Gabel erfordern. Sie können sie bequem vor der Glotze oder beim Lesen essen – oder auch alles gleichzeitig tun: störungsfreies Multitasking mit Genussfaktor.

Den Backofengrill vorheizen. Die Zwiebel, die Tomate, den Chili, die Paprika, das Koriandergrün und die Chilisauce oder den Ketchup vermengen und mit Salz und Pfeffer würzen.

Die Brote von einer Seite unter dem Grill rösten und die ungeröstete Seite mit der Gemüsemischung belegen. Weitere 3 Minuten unter den Grill schieben, bis die Zwiebeln etwas weich geworden sind. Mit dem Käse bestreuen und goldbraun überbacken. Sofort zu irgendeinem Mist in der Glotze servieren.

FRITTATA MIT ERBSEN, SPECK & HALLOUMI

Wenn Sie nach etwas suchen, das innerhalb von Minuten vom Herd auf dem Teller landet, sind Eier immer eine verlässliche Option.

Dieses italienische Omelett ist völlig unkompliziert. Es verlangt nach Zutaten wie die unterschätzten Tiefkühlerbsen, die Sie vielleicht sogar auf Vorrat haben: ein absolut stressfreies Feierabendessen. Verwenden Sie eine beschichtete Pfanne, damit beim Wenden oder Stürzen des Omeletts kein Unglück passiert.

FÜR 1 PERSON

1 TL Olivenöl
1/2 kleine rote Zwiebel, in Streifen geschnitten
1 Knoblauchzehe, gehackt
40 g Pancetta oder durchwachsener Speck ohne Schwarte, gewürfelt
1 Handvoll tiefgekühlte Erbsen
1 EL gehackte glatte Petersilie
3 Eier
3 EL Sahne
Meersalz und frisch gemahlener schwarzer Pfeffer
4 Scheiben Halloumi
Rucola, angemacht mit etwas Vinaigrette, zum Servieren

Den Backofengrill vorheizen. In einer Pfanne das Olivenöl auf kleiner Stufe erhitzen. Die Zwiebel und den Knoblauch behutsam glasig schwitzen, den Speck zugeben und goldbraun und knusprig braten. Die Erbsen und die Petersilie untermengen.

In einer Schüssel die Eier mit der Sahne verschlagen und würzen. Die Eiermasse in die Pfanne gießen und in der ersten Phase mit einem Spatel rundherum vom Rand zur Mitte schieben, sodass das flüssige Ei nach außen zerläuft. Nach 3 Minuten den Halloumi darauf verteilen und das Omelett unter den Grill schieben.

Sobald das Ei gestockt ist und der Halloumi etwas Farbe genommen hat, das Omelett auf einen Teller gleiten lassen und mit einem Rucolasalat und einem Glas Wein genießen.

KURZ NOTIERT

Falls Sie keinen Halloumi finden, sind Ziegenkäse oder Feta ein ebenbürtiger Ersatz.

GEGRILLTER THUNFISCH
MIT ROSMARIN, CHILI & GERÖSTETEN ARTISCHOCKEN

So gern ich Freunde zum Essen einlade, so sehr genieße ich das narzisstische Vergnügen, nur mich selbst zu bekochen.

Gelegentlich verwöhne ich mich selbst: Ich kaufe die besten Zutaten ein und serviere sie auf meinem schönsten Porzellan – schließlich will jedes Ego ab und zu gestreichelt werden!

Für sich selbst zu kochen, lässt auch mehr Spielraum zum Experimentieren. Sie müssen niemanden beeindrucken außer sich selbst, und wenn es mal danebengeht, bleibt immer noch der Anruf beim Pizzaservice. Dieser knusprig gegrillte und innen wunderbar saftige Thunfisch mit gerösteten Artischocken ist einer meiner erfolgreichen Versuche – besser als jedes Essen zum Mitnehmen.

FÜR 1 PERSON

1 Knoblauchzehe
1 TL fein gehackter Rosmarin
1 TL abgeriebene Schale von 1 unbehandelten Zitrone
½ TL Chiliflocken
Meersalz und frisch gemahlener schwarzer Pfeffer
1 EL Zitronensaft
2 EL Olivenöl
1 Thunfischsteak

Für die gerösteten Artischocken

50 g Artischockenherzen in Olivenöl aus der Dose, abgetropft
1 TL Zucker
Zitronensaft

Den Knoblauch, den Rosmarin, die Zitronenschale und die Chiliflocken mit etwas Salz und Pfeffer im Mörser zu einer Paste zermahlen. Den Zitronensaft und das Olivenöl zugießen und sorgfältig verrühren. Den Thunfisch von beiden Seiten gründlich mit der Mischung bestreichen, sodass er gut bedeckt ist, und bei Raumtemperatur 20 Minuten marinieren.

Eine Grillpfanne sehr heiß werden lassen und den Thunfisch von jeder Seite 2 Minuten grillen. Er sollte im Kern noch rosa sein. Auf einem vorgewärmten Teller kurz ruhen lassen.

Inzwischen die Artischockenherzen halbieren (falls nicht bereits geschehen), mit den Schnittflächen nach unten in die Pfanne legen und 1 Minute Farbe nehmen lassen. Wenden, mit dem Zucker bestreuen und mit etwas Zitronensaft beträufeln. Das Gemüse in der Pfanne schwenken, bis es rundherum goldbraun karamellisiert ist. Zu dem gegrillten Thunfisch servieren.

WEICH GEKOCHTE EIER MIT GRÜNEM SPARGEL

Die Freude, für sich allein zu kochen, wird manchmal durch allzu komplizierte Rezepte getrübt. Dieses gehört nicht dazu.

FÜR 1 PERSON

2 große Eier
8 grüne Spargelstangen, hölzerne Enden entfernt
Einige Tropfen Tabascosauce
Meersalz und frisch gemahlener schwarzer Pfeffer

Einfache Küche heißt nicht, Abstriche beim Geschmack machen zu müssen. Dieses leichte Abendessen gehört zu meinen Favoriten und beschränkt den Aufenthalt in der Küche auf weniger als zehn Minuten.

Die Eier in kochendem Wasser 5 Minuten garen. Inzwischen den Spargel 5 Minuten dämpfen – er sollte noch knackig sein und Biss haben. Die Eier oben kappen und mit Tabasco, Salz und Pfeffer würzen. Mit dem Spargel zum Eintunken servieren. Genuss ohne Reue in weniger als 10 Minuten.

THAI-HÜHNERSUPPE MIT KOKOS

Wenn eine Suppe die Kraft hat, kulinarische Sünden zu kurieren, dann diese.

Das ist mein völliger Ernst – diese Suppe hat eine wunderbar heilsame Wirkung. Wagen Sie einen Versuch und Ihr Magen wird es bestätigen!

Ehrlich gesagt habe ich nie die Zeit, einen richtigen Fond anzusetzen. Ich vergesse immer, die Hühnerknochen aufzubewahren und plane auch nie so weit im Voraus. Doch zum Glück gibt es heute eine ganze Reihe hochwertiger Fonds und Brühen fertig zu kaufen.

FÜR 2 GENUSSSÜCHTIGE ODER 4 GENÜGSAME ESSER

300 ml Hühnerbrühe
3 cm Ingwer, geschält und in feine Streifen geschnitten
2 TL geriebener Galgant (nach Belieben)
Abgeriebene Schale von 1 unbehandelten Limette
1 Stängel Zitronengras, fein gehackt
2 rote Chilischoten (Samen entfernt, wenn Sie es weniger scharf mögen), in feine Streifen geschnitten
250 g Hähnchenschenkel ohne Haut und Knochen, in 1 cm kleine Würfel geschnitten
300 ml Kokosmilch
2 EL Zucker
4 EL Fischsauce *(nam pla)*
Saft von 2 Limetten
6 gehäufte EL gehacktes Koriandergrün

In einem Topf die Brühe zum Kochen bringen, den Ingwer, den Galgant (falls verwendet), die Limettenschale, das Zitronengras und den Chili zugeben und zugedeckt 10 Minuten garen.

Das Hähnchenfleisch, die Kokosmilch, den Zucker und die Fischsauce unterrühren und die Suppe etwa 12 Minuten köcheln lassen, bis das Fleisch zart ist. Zuletzt den Limettensaft und reichlich frisches Koriandergrün hineingeben und kochendheiß servieren.

GESCHMORTES HÄHNCHEN
MIT EINGELEGTEN ZITRONEN & KRÄUTERCOUSCOUS

Dies ist meine Antwort auf die marokkanische Tajine – im Handumdrehen zubereitet und kaum Abwasch zu erledigen.

Wenn auf einem Teller so viele gute Freunde versammelt sind, fühlt man sich auch allein in guter Gesellschaft.

FÜR 1 PERSON

3 EL Olivenöl
1 kleine rote Zwiebel, in feine Streifen geschnitten
2 Hähnchenschenkel mit Haut und Knochen
¼ TL Kurkuma
½ TL frisch geriebener Ingwer
1 Knoblauchzehe, gehackt
2–3 große oder 6 kleine eingelegte Zitronen (siehe Seite 55), gehackt
6 große grüne Oliven
200 ml Hühnerbrühe
75 g Couscous
Je 2 EL gehacktes Koriandergrün, Minze und glatte Petersilie
Natives Olivenöl extra zum Beträufeln

In einem Schmortopf das Olivenöl sanft erhitzen und die Zwiebel darin glasig schwitzen. Die Hähnchenschenkel einlegen (Sie können auch Hähnchenbrust verwenden, aber Schenkel sind saftiger, und preiswerter sind sie allemal!) und rundherum bräunen. Die Kurkuma, den Ingwer und den Knoblauch zugeben und kurz anbraten, dann die eingelegten Zitronen und die Oliven untermengen und die Brühe zugießen. Zum Kochen bringen und zugedeckt bei schwacher Hitze etwa 12 Minuten schmoren, bis das Fleisch zart und durchgegart ist. Den Topf vom Herd nehmen, die Hähnchenschenkel herausfischen und beiseitelegen.

Den Couscous in die Brühe geben und zugedeckt 5 Minuten quellen lassen. Dann den Deckel abheben, die Kräuter einstreuen und den Couscous mit einer Gabel auflockern. Etwas natives Olivenöl hineinträufeln, das Fleisch wieder einlegen und servieren. Ganz Ungeduldige brauchen dafür nicht einmal einen Teller!

SCHWEINEKOTELETT MIT SENFKRUSTE & GRÜNKOHL

MIT KNOBLAUCH, CHILI & ZITRONE

Machen Sie sich bereit für mein ultimatives Montagabendessen, genau das, worauf man nach einem aufreibenden Wochenbeginn Appetit hat.

Legen Sie das Fleisch am Sonntagabend ein – die Marinade nimmt nur zehn Minuten in Anspruch – und wenn Sie dann heißhungrig nach Hause kommen, müssen Sie es nur noch fünf Minuten pro Seite grillen. Der Ahornsirup und der süßlich-knusprige Fettrand am Kotelett passen phänomenal gut zu dem herzhaften, knofeligen Grünkohl.

FÜR 1 PERSON

1 Schweinekotelett mit oder ohne Knochen
1 TL abgeriebene Schale von 1 unbehandelten Zitrone
1 Zweig Thymian, Blätter abgezupft
1 Knoblauchzehe, in Scheiben geschnitten
Meersalz
3 TL Ahornsirup
1 EL Zitronensaft
2 TL helle Sojasauce
2 TL körniger Senf
1 EL Olivenöl

Für den Grünkohl
1 Schuss Olivenöl
1 Knoblauchzehe, zerstoßen
1 Prise Chiliflocken
100 g Grünkohl
2 EL Zitronensaft

Das Kotelett von überschüssigem Fett befreien – aber nicht übertreiben, sonst endet Ihr Fleisch als eine dieser berüchtigten Schuhsohlen –, in ein Gefäß legen, mit der Zitronenschale, dem Thymian und dem Knoblauch bestreuen und würzen. Den Ahornsirup, den Zitronensaft, die Sojasauce, den Senf und das Olivenöl verrühren, das Fleisch damit übergießen und zugedeckt einige Stunden oder über Nacht marinieren.

Eine Brat- oder Grillpfanne glühendheiß werden lassen. Das Kotelett abtropfen lassen und von jeder Seite 5 Minuten braten oder grillen, dabei regelmäßig mit der Marinade bestreichen. Auf einem vorgewärmten Teller ruhen lassen, während Sie den Kohl zubereiten.

Die Pfanne auswischen, das Olivenöl darin erhitzen und den Knoblauch und die Chiliflocken goldgelb anbraten. Den Kohl zugeben und 4 Minuten rühren. Mit dem Zitronensaft beträufeln und neben dem Kotelett auf den Teller häufen.

KURZ NOTIERT

Wenn es superschnell gehen soll, können Sie das Kotelett unter etwas Frischhaltefolie mit einem Fleischklopfer bearbeiten, bis es flach und dünn ist. So gart es schneller und gleichmäßiger, außerdem kann ein bisschen Draufhauen nach einem stressigen Tag sehr entspannend wirken.

THAI-MIESMUSCHELN MIT CURRY

Für sich selbst zu kochen sollte mehr sein, als wahllos irgendetwas in die Mikrowelle zu schieben und hastig hinunterzuschlingen, bevor man sich noch gesetzt hat.

Es sollte Gelegenheit sein, sich selbst etwas Gutes zu tun – sich selbst zu feiern, wenn Sie so wollen. Diese Miesmuscheln in einem würzigen Thai-Sud sind vielleicht ein bisschen extravagant, doch dank fix und fertig erhältlicher Currypaste ganz einfach. Wenn Sie Freunde und Liebhaber verwöhnen können, warum dann diese Zurückhaltung bei der Nummer eins?

FÜR 1 PERSON

1 EL Pflanzenöl
1 große Tomate, gehackt
1 Knoblauchzehe, zerstoßen
1 TL frisch geriebener Ingwer
200 ml Kokosmilch
1 TL rote Thai-Currypaste
4 EL gehacktes Koriandergrün
500 g Miesmuscheln, abgebürstet und entbartet
1 EL Fischsauce *(nam pla)*
1 EL Limettensaft

Das Pflanzenöl in einem Topf erhitzen. Die Tomate, den Knoblauch und den Ingwer hineingeben und sautieren, bis die Mischung aromatisch duftet. Die Kokosmilch, die Currypaste und die Hälfte des Koriandergrüns zufügen und 3–4 Minuten köcheln lassen, damit sich die Aromen miteinander verbinden.

Die Muscheln zugeben und zugedeckt dämpfen, bis sie sich geöffnet haben – das dauert ungefähr 5 Minuten. Muscheln, die sich nicht öffnen, wegwerfen. Den Sud mit der Fischsauce würzen und 1 weitere Minute garen. Zuletzt den Limettensaft und das restliche Koriandergrün dazugeben und solo oder mit gedämpftem Reis genießen.

KAPITEL SECHS

Gesellige Momente

Jede Menge Martinis und das eine oder andere zum Aufgabeln

Neulich bekam ich zufällig mit, wie eine elegant gekleidete Journalistin anmerkte, sie ernähre sich von Zigaretten, Champagner und Kanapees. Sie vernaschte Blinis mit Beluga-Kaviar, Sushis von *Nobu* und delikate kleine Makronen, die Marie-Antoinette den Mund wässrig gemacht hätten. Ich zuckte bei dem Gedanken zusammen, jemand könnte ihr Käsespießchen mit Weintrauben unter die Nase halten – kreisch!

Obwohl ich schon mit einem Würstchen im Schlafrock und einem Gläschen Chablis zufrieden bin, weiß ich natürlich, dass eine Party für die besten Freunde mehr erfordert als einen kurzen Ausflug ans Kühlregal im Supermarkt um die Ecke.

Sie müssen deshalb nicht gleich zu Stepford-Frauen mutieren und wie aus dem Ei gepellt Brot backen, ohne dass ein einziges schillerndes Haar ihrer frisch ondulierten Pracht aus der Fasson gerät – Partyfood kann bei wenig Aufwand fantastisch schmecken. Probieren Sie diese lächerlich leichten Leckereien und Sie avancieren zu einer der gefragtesten Adressen in der Stadt!

HUMMUS

Mit Pitabrot und Dips zum Eintunken landen Sie auf jeder Party einen todsicheren Erfolg.

FÜR 4–6 PERSONEN

300 g Kichererbsen aus der Dose, abgespült und abgetropft
1 dicke Knoblauchzehe, grob gehackt
2 EL Tahin (siehe unten)
2 EL Zitronensaft
2 EL Joghurt
Meersalz

Zum Servieren
1 EL gehackte glatte Petersilie
1 Prise Cayennepfeffer
1 EL Olivenöl zum Beträufeln

Ich tische gern riesige Schüsseln Dips auf, die ich mit Petersilie und ein paar Oliven garniere. Zwar gibt es heute ganz achtbaren Hummus fertig zu kaufen, doch wozu, wenn Sie für eine frischere und schmackhaftere Version nichts anderen tun müssen, als den Knopf an der Küchenmaschine zu drücken? Schlechte Karten für Erbsenzähler!

Die Kichererbsen, den Knoblauch, das Tahin, den Zitronensaft, den Joghurt und etwas Salz in der Küchenmaschine zu einem glatten Püree verarbeiten. In eine Servierschüssel füllen, mit der Petersilie und etwas Cayennepfeffer bestreuen und mit ein paar Tropfen Olivenöl beträufeln.

Sie können den Hummus auch auf vielfältige andere Weise garnieren, beispielsweise mit Chiliflocken, gerösteten Pinienkernen, Oliven, hart gekochten Eiern, Gurkenscheiben ...

KURZ NOTIERT

Tahin ist eine Paste aus zerstoßenen Sesamsamen, die in den Küchen des Nahen Ostens verwendet wird. Sie ist recht fest, klebrig und trüb, verbindet sich aber prima mit Saucen oder Dressings. Tahin verleiht dem Hummus ein wunderbar erdiges Aroma und eine seidige Beschaffenheit. Sie finden es mittlerweile im Bioladen, im gut sortierten Supermarkt oder aber im arabischen Lebensmittelhandel.

Für eine errötete Version geben Sie einfach eine geröstete, gehäutete und von den Samen befreite rote Paprikaschote mit in den Mixer.

BABA GHANOUSH

Dieses seidig glänzende, knoblauchinfizierte, rauchig-würzige Auberginenpüree ist zum Reinsetzen.

Essen Sie das Püree am besten schaufelweise auf warmes Fladenbrot getürmt oder als Beilage zu einer gebratenen Lammkeule.

FÜR 6 PERSONEN

2 große Auberginen
50 g Joghurt
50 g Tahin (siehe Seite 132)
Saft von 1 Zitrone
1 Knoblauchzehe, zerstoßen
2 TL gemahlener Kreuzkümmel
5 gehäufte EL gehacktes Koriandergrün

Zum Garnieren und Servieren

1 TL scharfes Paprikapulver
1 EL gehackte glatte Petersilie
Pitabrot

Den Backofengrill auf hoher Stufe vorheizen. Die Auberginen mit einer Gabel mehrfach einstechen und grillen, bis sie weich sind. Regelmäßig wenden, damit sie gleichmäßig garen; das dauert 15–20 Minuten. Abkühlen lassen.

Die Auberginen schälen, die Schalen wegwerfen – sie sollten sich ganz leicht abziehen lassen. Das Fruchtfleisch grob zerkleinern und mit den anderen Zutaten in der Küchenmaschine zu einem glatten Püree verarbeiten.

Mit dem Paprikapulver und der Petersilie bestreuen und mit warmem Pitabrot servieren.

GEGRILLTER TINTENFISCH

MIT KARTOFFELN UND PAPRIKA

Dieses Gericht aß ich zum ersten Mal im Urlaub in Zaragossa.

FÜR 4–6 PERSONEN

500 g kleine Kalmare
2–3 große festkochende Kartoffeln, in dicke Stücke geschnitten
7 EL Olivenöl
25 g Butter
2 Lorbeerblätter
½ Knolle Knoblauch, ungeschält
Meersalz und frisch gemahlener schwarzer Pfeffer
Saft von 1 Zitrone
2 gehäufte TL spanisches Paprikapulver von guter Qualität, plus extra zum Bestreuen
1 EL gehackte glatte Petersilie
Natives Olivenöl extra zum Beträufeln

Die Tapas-Bar in der Seitengasse schien ganze Berge der kleinen Tintenfische aufzutragen, und da man sie mit den Fingern aufpicken kann, sind sie ein sehr geselliges Essen. Sie schmeckten so gut, dass ich am nächsten Tag wieder hinging, nur um mich enttäuscht vor verschlossener Tür wiederzufinden! Also blieb mir nichts anderes übrig, als es zu Hause auszuprobieren. Nach dem paprikaroten Knoblauchöl werden Sie sich die Finger lecken.

Die Kalmare säubern – das ist ganz einfach, wenn man weiß, wie es geht. Die Fangarme samt Innereien aus dem Körperbeutel herausziehen, direkt unter den Augen abschneiden und beiseitelegen – sie sind essbar. Das lange plastikartige Fischbein aus dem Beutel entfernen und wegwerfen, dann mit einem Messerrücken die dunkle Membran vorsichtig abschaben, bis das weiße Fleisch zurückbleibt. Die Tuben aufschneiden, aufklappen und die Innenseite kreuzweise einritzen, sodass ein Karomuster entsteht, oder einfach in Ringe schneiden.

In einem großen Topf reichlich Wasser zum Kochen bringen, kräftig salzen und die Kartoffeln darin etwa 6 Minuten garen, bis sie am Rand ganz weich sind. Abgießen. In einer großen Pfanne, in der sämtliche Kartoffeln nebeneinander Platz haben, fünf Esslöffel Olivenöl und die Butter erhitzen. Den Lorbeer und den Knoblauch zugeben (schälen nicht nötig, er soll sich im Hintergrund halten) und, sobald es brutzelt und zischt, in einer Schicht die Kartoffeln hineinlegen und bei mittlerer Hitze rundherum goldbraun und knusprig braten.

Kurz bevor die Kartoffeln gar sind, eine Grillpfanne sehr heiß werden lassen. Die Tintenfischtuben und -arme mit dem restlichen Olivenöl bestreichen und mit Salz und Pfeffer würzen. In die glühendheiße Pfanne legen und von jeder Seite 1 Minuten grillen, bis sie gebräunt, aber noch zart sind.

Die Kartoffeln mit einem Schaumlöffel aus dem Knoblauchöl fischen, auf einen Teller legen und den Tintenfisch darauf anrichten. Den Zitronensaft und das Paprikapulver in das Öl rühren, dieses durch ein Sieb passieren und über den Tintenfisch und die Kartoffeln träufeln. Mit gehackter Petersilie bestreuen und mit ein paar Tröpfchen nativem Olivenöl abrunden. Noch eine Prise Paprika darüber und servieren. Achtung – Suchtgefahr!

KURZ NOTIERT

Je frischer die Kalmare, desto zarter werden sie. Frisch riechen sie nach Meer, keinesfalls fischig oder unangenehm. Sie sollten fest und glänzend sein, nicht stumpf und teigig.

FALAFEL

Dies gehört zum Besten, was man Kichererbsen antun kann.

ERGIBT ETWA 30 STÜCK

200 g getrocknete Kichererbsen, über Nacht in Wasser eingeweicht und abgetropft
1 grüne Chilischote (Samen entfernt, falls es nicht ganz so scharf sein soll), fein gehackt
4 gehäufte EL grob gehacktes Koriandergrün
4 gehäufte EL grob gehackte glatte Petersilie
50 g Bulgur
1 mittelgroße Zwiebel, sehr fein gehackt
4 Knoblauchzehen, zerstoßen
2 TL Backpulver
2 EL Tahin (siehe Seite 132)
Saft von 1 Zitrone
2 TL Kreuzkümmelsamen
2 TL Koriandersamen
Meersalz
Pflanzenöl zum Frittieren (siehe Hinweis Seite 12)

Ich liebe ihre superknusprige Kruste, die kräftige knofelige Würze und ihren weichen, saftigen Kern, wenn sie frisch aus der Pfanne kommen. Selbst der blutrünstigste Karnivore vergisst die Fleischeslust, wenn er Falafel kaut. Probieren Sie sie mit Gewürzgurken, Chilisauce und Weißkohl im Pitabrot – das ultimative Sandwich.

Die Kichererbsen, den Chili, das Koriandergrün und die Petersilie in der Küchenmaschine oder dem Blitzhacker zu einer krümeligen Mischung zermahlen. In eine Rührschüssel geben und den Bulgur, die Zwiebel, den Knoblauch, das Backpulver, das Tahin und den Zitronensaft untermengen.

Die Kreuzkümmel- und die Koriandersamen in einer heißen Pfanne rösten, bis sie aromatisch duften. Im Mörser grob zermahlen, in die Falafelmasse streuen und sorgfältig untermischen. Mit Frischhaltefolie zudecken und 30 Minuten kalt stellen. Die Masse erst kurz vor der Zubereitung salzen, da Salz der Zwiebel Wasser entzieht und die Masse in einen klebrigen Matsch verwandeln würde.

In einer Fritteuse oder einem hohen Topf Pflanzenöl erhitzen, bis es leicht flimmert, dann die Temperatur auf mittlere Stufe herunterstellen. Während das Öl heiß wird, Esslöffel der Falafelmasse abnehmen, zu Bällchen rollen und leicht abflachen. Die Falafel portionsweise 3–4 Minuten frittieren, bis sie nussbraun sind. Sorgfältig auf Küchenpapier abtropfen lassen. Schmeckt heiß oder kalt und mit oder ohne Fladenbrot.

BATATA HARA

Die Spanier haben ihre feurigen „patatas bravas", doch ich stehe auf die libanesische Variante mit verschiedenerlei Gemüse, gewürzt mit einer pikanten Sauce.

Wer das Gemüse nicht frittieren möchte, kann es auch in etwas Olivenöl goldbraun braten und anschließend mit der Sauce anmachen – eine willkommene Abwechslung von der klassischen Gemüsebeilage.

FÜR 6 PERSONEN

Erdnussöl zum Frittieren (siehe Hinweis Seite 12)
1 große festkochende Kartoffel, in Würfel geschnitten
1 orangefleischige Süßkartoffel, in Würfel geschnitten
1 kleine Zucchini, geputzt und grob gewürfelt
8 Blumenkohlröschen, halbiert
1 rote Paprikaschote, von den Samen befreit und in große Stücke geschnitten
1 großzügige Handvoll gehacktes Koriandergrün zum Servieren

Für das Dressing

Saft von 1 Zitrone
1 EL Tomatenketchup
3 Knoblauchzehen, zerstoßen
1 gehäufter TL gemahlener Koriander
1/2 TL Chilipulver
1/2 TL scharfes Paprikapulver
1/4 TL Lebkuchengewürz
Meersalz und frisch gemahlener schwarzer Pfeffer

In einer Fritteuse oder in einem hohen Topf Erdnussöl erhitzen und sämtliches Gemüse darin goldbraun frittieren. Abtropfen lassen.

Für das Dressing den Zitronensaft, das Ketchup, den Knoblauch und sämtliche Gewürze in einer Schüssel verrühren. Über das Gemüse gießen und sorgfältig damit vermischen, bis es rundherum gut bedeckt ist. Mit dem gehackten Koriandergrün bestreuen und sofort servieren.

TABOULÉ

Ein erfrischender, kerniger Salat, ideal für eine Grillparty an einem heißen Sommertag.

FÜR 6 PERSONEN

100 g Bulgur
1 Bund glatte Petersilie, gehackt
1 Bund Frühlingszwiebeln, fein gehackt
4 reife Tomaten, fein gewürfelt
1 Salatgurke, fein gewürfelt
½ Bund frische Minze, gehackt
Saft von 2 großen Zitronen
1 TL gerösteter gemahlener Kreuzkümmel
60 ml Olivenöl
1 TL Meersalz
Frisch gemahlener schwarzer Pfeffer
Knackiger Blattsalat zum Servieren

Dieser Salat haut Sie um. Vollgepackt mit Petersilie, Zwiebeln, Tomaten, Weizenschrot und Zitronensaft ist er wie eine geballte Faust Temperament. Als eigenständiges Gericht genossen, kommt seine prickelnde Würze am besten zur Geltung, mit gegrilltem Huhn oder Brot lässt sie sich etwas zähmen.

Den Bulgur in einer Schüssel mit reichlich kaltem Wasser bedecken und zugedeckt etwa 20 Minuten quellen lassen. In ein Sieb abgießen und so gut wie möglich ausdrücken.

Den vorbereiten Bulgur in eine Salatschüssel geben und die Petersilie, die Frühlingszwiebeln, die Tomaten, die Gurke, die Minze, den Zitronensaft und den Kreuzkümmel untermischen. Das Olivenöl zugießen, den Salat mit Salz und Pfeffer würzen und noch ein letztes Mal durchmischen. In die Schüssel oder auf einen großen Teller häufen und mit knackigen Salatblättern servieren.

HÄHNCHENSPIESSE MIT KNOBLAUCHSAUCE

Diese in einer würzigen Marinade aus Zitronensaft, Knoblauch und Olivenöl eingelegten Hähnchenspieße sind zum Anbeißen.

FÜR 6 PERSONEN

2 EL Tomatenketchup
5 EL Olivenöl
4 Knoblauchzehen, gehackt
1 TL Cayennepfeffer
1 TL gemahlener Piment
Saft von 1 Zitrone
Meersalz
700 g Hähnchenschenkel, enthäutet, entbeint und in große Würfel geschnitten

Für die Knoblauchsauce
3 Knoblauchzehen
½ TL Meersalz
Saft von ½ Zitrone
1 Eigelb
150 ml natives Olivenöl extra

Ich nehme am liebsten das Fleisch von Hähnchenschenkeln, weil es saftiger ist. Doch wenn es Ihnen wegen der Knochen zu umständlich ist, können Sie auch Brust verwenden. Bestreichen Sie das Fleisch jedoch regelmäßig mit der Marinade, damit es nicht trocken wird. Wenn Sie genauso knoblauchverrückt sind wie ich, sollten Sie besser aufpassen, dass Sie nicht in die Saucenschüssel fallen.

Das Ketchup, das Olivenöl, den Knoblauch, den Cayennepfeffer, den Piment, den Zitronensaft und etwas Salz verrühren – dies ist die Marinade. Das Hähnchenfleisch in einer großen Schüssel mit der Marinade übergießen, sorgfältig darin wenden und mindestens 2 Stunden oder über Nacht im Kühlschrank marinieren. Gleichzeitig Holzspieße in Wasser einweichen, damit sie beim Grillen nicht verbrennen.

Für die Knoblauchsauce den Knoblauch mit dem Salz im Mörser zu einer dicken Paste zermahlen. Die Paste mit dem Zitronensaft und dem Eigelb in eine große Schüssel geben und mit dem elektrischen Handmixer schaumig schlagen. In einem dünnen Strahl das Olivenöl zugießen und weiter rühren, bis eine dicke Sauce, ähnlich einer Mayonnaise, entstanden ist.

Den Backofengrill auf höchster Stufe vorheizen. Die Hähnchenwürfel auf die Spieße stecken und von jeder Seite 5 Minuten grillen, bis sie durchgegart sind. Mit einer Schale Knoblauchsauce zum Eintunken servieren.

THAI-FISCHFRIKADELLEN MIT FENCHEL

Anders als die englischen Fischfrikadellen, die auch als Eishockeypuck eine gute Figur machen würden, sind diese kartoffelfreien Küchlein ganz zart und zierlich, ein idealer Knabberspaß – auch auf Ihrer Party.

Bei diesem Rezept sorgt das anisartige Aroma des Fenchels in dem ohnehin schon würzigen Mix für eine neue Geschmacksdimension.

ERGIBT 30 STÜCK

300 g Lachsfilet ohne Haut, vollständig entgrätet
300 g weißfleischiges Fischfilet ohne Haut (z. B. Pollack oder Kabeljau), vollständig entgrätet
3 EL gehacktes Koriandergrün
Abgeriebene Schale von 1 unbehandelten Limette
1 EL feinster Zucker
Meersalz
2 EL rote Currypaste
1 kleine Knolle Gemüsefenchel, fein gehackt
Öl zum Einfetten
Erdnussöl zum Frittieren (siehe Hinweis Seite 12)
Limettenspalten zum Servieren

Sämtliches Fischfilet grob würfeln und mit dem Koriandergrün, der Limettenschale, dem Zucker und etwas Salz in der Küchenmaschine zu einer groben Masse zerkleinern. In eine Rührschüssel geben und die Currypaste und den Fenchel unterrühren.

Die Hände mit etwas Öl benetzen und zwei Esslöffel der Masse aufnehmen. Zu einem Bällchen rollen und zu einem kleinen Küchlein abflachen. Auf diese Weise etwa 30 kleine Frikadellen formen.

In einer Fritteuse oder in einem hohen Topf Erdnussöl erhitzen und die Fischküchlein darin goldbraun backen. Mit Limettenspalten servieren.

口邊惹復合
向周杰倫高叫：我願意

KNUSPRIG FRITTIERTER TINTENFISCH MIT SALZ & PFEFFER

Dies gehört zu den beliebtesten Vorspeisen in chinesischen Restaurants, also machen Sie sich auch an Ihrem Buffet auf einen Ansturm gefasst.

Das Rezept ist unschlagbar einfach und der Lohn ist federleichter Tintenfisch, der auf der Zunge zergeht.

FÜR 8 PERSONEN

1 kg kleine Kalmare, küchenfertig vorbereitet (siehe Seite 134)
2 TL schwarze Pfefferkörner
2 TL Sichuan-Pfefferkörner
2 TL Meersalz
60 g Maisstärke
Erdnussöl zum Frittieren (siehe Hinweis Seite 12)
2 rote Chilischoten (Samen entfernt, wenn es weniger scharf zugehen soll), in Streifen geschnitten
6 Frühlingszwiebeln, in Scheiben geschnitten
4 Knoblauchzehen, gehackt
Saft von 1/2 Limette
4 gehäufte EL gehacktes Koriandergrün

Die Kalmartuben in zwei Zentimeter breite Ringe schneiden und mit Küchenpapier trocken tupfen – damit sie schön knusprig werden.

Eine Bratpfanne trocken erhitzen und sämtliche Pfefferkörner darin rösten, bis sie aromatisch duften. Mit dem Salz in einen Mörser geben und zu einem groben Pulver zermahlen. In eine Schüssel streuen und die Maisstärke untermischen.

In einer Fritteuse oder einem hohen Topf Erdnussöl auf großer Stufe erhitzen, bis es leicht flimmert. Die Tintenfischringe in der gewürzten Stärkemischung wenden, bis sie von allen Seiten gut bedeckt sind. Überschüssige Stärke abschütteln und die Ringe 1 Minute in dem heißen Öl frittieren – jede Sekunde zu lange macht Ihren Tintenfisch ein bisschen mehr zu Gummi. Sorgfältig auf Küchenpapier abtropfen lassen.

Sobald sämtlicher Tintenfisch frittiert ist, das Öl bis auf wenige Esslöffel abgießen und in dem restlichen Fett den Chili, die Frühlingszwiebeln und den Knoblauch 1 Minute frittieren. Abtropfen lassen und unter den Tintenfisch mengen. Mit dem Limettensaft beträufeln, mit Koriandergrün bestreuen und keine Sekunde länger warten.

FRÜHLINGSROLLEN MIT GARNELEN, REISNUDELN &
EINFACHER CHILI-ERDNUSS-SAUCE

Diese Röllchen sind eigentlich ein hübsch verpackter asiatischer Salat mit Kräutern.

ERGIBT 32 STÜCK

125 g gegarte Reisnudeln
5 Frühlingszwiebeln, in feine Streifen geschnitten
½ rote Paprikaschote, von den Samen befreit und in hauchfeine Streifen geschnitten
50 g Mungbohnensprossen
2 EL fein gehackte Minze
2 TL feinster Zucker
3 Knoblauchzehen, zerstoßen
Saft von 1 Limette
2 TL Reisessig
1 EL Fischsauce *(nam pla)*
16 Frühlingsrollen-Teigblätter (siehe unten)
32 gegarte Riesengarnelen, längs aufgeschnitten und aufgeklappt
16 kleine Zweige Koriandergrün

Für den Erdnuss-Chili-Dip
60 ml süße Chilisauce
Saft von 1 Limette
4 EL zerstoßene gesalzene Erdnüsse

Nur keine Angst – sie sehen fürchterlich nach Fummelarbeit aus, doch das sind sie nicht. Wenn das Tunken-Füllen-Rollen-Fließband erst einmal läuft, ist die Arbeit sogar entspannend. Die Frühlingsrollen sind leicht und erfrischend, Ihre Gäste werden begeistert sein – sie müssen ja nicht erfahren, wie simpel sie sind!

Sämtliche Zutaten für den Erdnuss-Chili-Dip in einer Schüssel gründlich verrühren.

In einer weiteren Schüssel die Reisnudeln, die Frühlingszwiebeln, die Paprikastreifen, die Bohnensprossen, die Minze, den Zucker, den Knoblauch, den Limettensaft, den Reisessig und die Fischsauce vermischen.

Die Teigblätter 15 Sekunden in heißes Wasser tauchen, auf ein Küchentuch legen und mit einem zweiten Tuch sorgfältig trocken tupfen. Zwei Garnelen hintereinander in die Mitte eines Teigblatts legen, darüber und darunter zwei Zentimeter frei lassen. Einen Korianderzweig darauf platzieren und etwa einen Esslöffel des Nudelsalats darüber verteilen. Den unteren und oberen Teigrand über die Füllung schlagen, eine Seite nach innen falten und das Teigblatt wie eine dicke Zigarre fest aufrollen. Die anderen Teigblätter ebenso füllen. Die Röllchen diagonal halbieren und mit dem Dip servieren.

KURZ NOTIERT

Teigblätter aus Reispapier gibt es in vielen gut sortierten Supermärkten, auf jedem Fall aber im Asia-Laden.

Sie können statt der Teigblätter auch große Salatblätter verwenden.

PIKANTE GARNELENSPIESSE &

CHILISALZ MIT ZWIEBELN UND LIMETTE

Diese pikanten Garnelenspieße sind so erquickend wie eine Achterbahnfahrt mit einem dreifachen Looping aus süß, sauer und scharf – alles gleichzeitig.

FÜR 10 SPIESSE

25 ml Olivenöl
Saft von 1 Limette
2 EL Fischsauce *(nam pla)*
1 EL Palmzucker oder brauner Zucker
1 rote Chilischote (Samen entfernt, falls es weniger scharf sein soll), fein gehackt
5 cm Ingwer, geschält und gerieben
3 Knoblauchzehen, durchgepresst
40 rohe Riesengarnelen, geschält und von den Därmen befreit

Für das Chilisalz

2 TL getrocknete Chiliflocken
1 EL Meersalz
2 EL feinster Zucker
Fein geriebene Schale von 1 unbehandelten Limette
4 EL Röstzwiebeln

Statt eines traditionellen Dips serviere ich dazu dieses schlagkräftige Chilisalz.

Das Olivenöl, den Limettensaft und die Fischsauce verrühren. Den Zucker, den Chili, den Ingwer und den Knoblauch untermengen, die Garnelen von allen Seiten in der Mischung wenden und mit Frischhaltefolie bedeckt 30 Minuten marinieren. Währenddessen zehn Holzspieße in Wasser einweichen.

Inzwischen sämtliche Zutaten für das Chilisalz in einem Mörser zu einem groben Pulver zermahlen.

Eine Grillpfanne stark erhitzen. Auf jeden Spieß vier Garnelen stecken und von jeder Seite 3 Minuten grillen, bis sie rosa und opak sind. In dem Chilisalz wenden und servieren.

THAILÄNDISCHER AUBERGINENSALAT

Thailand ist berühmt für seine prickelnd-scharfen Rindfleischsalate und hier ist meine vegetarische Antwort darauf.

FÜR 6 PERSONEN

2 große Auberginen, geputzt und in dünne Scheiben geschnitten
Olivenöl zum Bestreichen
Je 1 Bund Koriandergrün und Minze, grob gehackt
6 EL geröstete, zerstoßene ungesalzene Erdnüsse
½ rote Zwiebel, in feine Streifen geschnitten
2 reife Tomaten, in je 8 Spalten geschnitten
½ Salatgurke, in halbmondförmige Scheiben geschnitten

Für das Dressing

1 EL Sesamöl
Saft und abgeriebene Schale von 1 unbehandelten Limette
1 EL brauner Zucker
1 EL Fischsauce *(nam pla)*
1 ½ EL helle Sojasauce
1 lange rote Chilischote (nach Belieben Samen entfernt), in feine Streifen geschnitten
2 Knoblauchzehen, fein gehackt
2,5 cm Ingwer, geschält und fein gerieben

Die dickleibigen violetten Auberginen sind so fleischig, dass selbst meine nach Fleisch gierenden Freunde handzahm werden. Wie die meisten Salate können Sie auch diesen sofort essen oder eine Weile durchziehen lassen. Servieren Sie ihn auf einem Bett aus knackigen Blattsalaten.

Sämtliche Zutaten für das Dressing gründlich verrühren, bis eine glatte, glänzende Sauce entstanden ist; beiseitestellen.

Die Auberginenscheiben von beiden Seiten mit etwas Olivenöl bestreichen. Eine Grillpfanne sehr heiß werden lassen, die Scheiben einlegen und von beiden Seiten grillen, bis sie gut gebräunt und weich sind.

Die gegrillten Auberginen in eine Schüssel oder Schale legen und mit den Kräutern, den Erdnüssen, der Zwiebel, den Tomaten und der Gurke vermengen. Mit dem Dressing übergießen – die warmen Auberginen saugen es fast vollständig auf – und das angenehm taube Gefühl genießen, das das feurige Dressing auf den Lippen erzeugt.

CHICKEN-WINGS MIT KREUZKÜMMEL

Chicken-Wings sind Fingerfood in Höchstform ...

Ich brauche nicht erst eine Party, um mir einen Teller frittierter Hähnchenflügel zu gönnen – ein Abend vor der Flimmerkiste ist Anlass genug. Die wärmende Glut der Gewürze und des Chilis beflügeln auch Sie. Mit eiskaltem Bier nachspülen – ein Knusperspaß zum Fingerschlecken.

FÜR 6 PERSONEN

Erdnussöl zum Frittieren (siehe Hinweis Seite 12)
8 EL Maisstärke
Je 1 EL Kreuzkümmelsamen, Koriandersamen und schwarze Pfefferkörner, geröstet und grob zermahlen
1/2 TL gemahlener Zimt
Abgeriebene Schale von 1 unbehandelten Zitrone
4 Knoblauchzehen, zerstoßen
2 getrocknete rote Chilischoten, zerstoßen
1 kg Hähnchenflügel

In einer Fritteuse oder einem hohen Topf Erdnussöl auf mittlerer Stufe erhitzen.

Die Maisstärke in eine große Schüssel oder einen Gefrierbeutel sieben. Die zermahlenen Gewürze, die Zitronenschale, den Knoblauch und den Chili zugeben und gründlich vermischen. Die Hähnchenflügel von allen Seiten in der Gewürzmischung wenden, sodass sie rundherum gleichmäßig bedeckt sind. Überschüssige Gewürze und Stärke abschütteln und die Flügel in kleinen Portionen in dem heißen Öl 5 Minuten frittieren, bis sie goldbraun und durchgegart sind. Auf Küchenpapier gut abtropfen lassen und heiß servieren.

GARNELEN-PAPADAMS

Papadams sind ein beliebter Lückenfüller beim Inder, um die Wartezeit bis zur Hauptattraktion ein wenig abzukürzen. Doch belegt mit diesen Chiligarnelen avancieren sie zum Nobel-Cracker.

In einer Pfanne die Zwiebel in dem Pflanzenöl anbraten, bis sie weich ist. Den Kreuzkümmel und die Nelken zugeben und weiter garen, bis die Zwiebeln goldbraun sind. Die Tomaten, das Tomatenmark, den Ingwer, den Knoblauch, den Chili, die Kurkuma und etwas Salz hinzufügen und schmoren, bis die Tomaten zerfallen und eingedickt sind – das dauert etwa 8 Minuten.

Die Garnelen zugeben und unter Rühren 3–4 Minuten garen, bis sie rosa sind. Die Pfanne vom Herd nehmen, den Limettensaft und die Kokosraspeln unterrühren und einige Minuten abkühlen lassen. Die Mischung auf die Papadams häufen, mit Koriandergrün und weiteren Kokosraspeln garnieren und servieren.

ERGIBT 40 STÜCK

1 kleine Zwiebel, fein gehackt
2 EL Pflanzenöl
1 TL Kreuzkümmelsamen
1/4 TL zerstoßene Gewürznelken
3 große Tomaten, fein gewürfelt
1 EL Tomatenmark
2,5 cm Ingwer, geschält und gerieben
3 Knoblauchzehen, fein gehackt
1 große rote Chilischote (Samen entfernt, wenn es nicht so scharf sein soll), gehackt
1/2 TL Kurkuma
Meersalz
350 g rohe Riesengarnelen, geschält und von den Därmen befreit
Saft von 1/2 Limette
3 EL ungesüßte Kokosraspel, plus 1 EL zum Garnieren
40 Mini-Papadams
2 EL gehacktes Koriandergrün

FISCHWÜRFEL IM BACKTEIG

Wenn es frittierter Fisch ist, außen goldbraun und knusprig, innen zart und saftig, was Ihr Herz begehrt, dann sollten Sie hier zubeißen.

FÜR 4 PERSONEN

500 g festfleischiges Fischfilet (z. B. Pollack, Kabeljau, Lachs oder Seeteufel), in 2,5 cm große Würfel geschnitten
Erdnussöl zum Frittieren (siehe Hinweis Seite 12)
Limettenspalten zum Servieren

Für die Marinade
3 Knoblauchzehen, zerstoßen
5 cm Ingwer, geschält und gerieben
1 rote Chilischote (Samen entfernt, falls Sie es weniger feurig wünschen), gehackt
1 TL Meersalz
Saft von 1 Zitrone oder Limette

Für den Backteig
150 g Kichererbsenmehl
2 EL Reismehl
1/2 TL Backpulver
2 TL Mangopulver (*amchur*; siehe Kurz notiert Seite 32)
1/2 TL Meersalz
1 TL Chilipulver
1/2 TL Kurkuma
1 EL gehacktes Koriandergrün
1 TL *Ajowan*-Samen (indischer Kümmel)

Der Backteig wird wie überall in Indien mit Chili, *ajowan* (indischer Kümmel) und frischem Koriandergrün gewürzt, um keine Gelegenheit auszulassen, dem Fisch Geschmack einzuhauchen.

Sämtliche Zutaten für die Marinade in einer Schüssel verrühren, den Fisch einlegen und sorgfältig in der Mischung wenden, sodass er rundherum gut bedeckt ist. Im Kühlschrank mindestens 1 Stunde marinieren, damit er die Aromen aufnehmen kann.

Für den Backteig das Kichererbsenmehl, das Reismehl, das Backpulver und das Mangopulver in eine große Schüssel sieben. Das Salz, das Chilipulver, die Kurkuma, das Koriandergrün und die *Ajowan*-Samen untermengen. Nach und nach 300 Milliliter Wasser zugießen und dabei ständig rühren, bis ein glatter Teig mit der Konsistenz von dünnem, aber cremigem Joghurt entstanden ist.

In einer Fritteuse oder einem hohen Topf Erdnussöl auf hoher Stufe erhitzen. Sobald es sengend heiß ist, die Temperatur auf mittlere Stufe herunterstellen. Die Fischwürfel durch den Backteig ziehen und in 4–5 Minuten goldbraun und knusprig frittieren.

Mit Limettenspalten servieren.

PIKANTE CASHEWKERNE

Dieser würzige Snack ist wirklich babyleicht und trifft genau ins Schwarze, wenn Sie die Bude voller Freunde mit knurrendem Magen haben.

In einem luftdicht verschlossenen Gefäß halten sie sich bis zu einer Woche – vorausgesetzt, Sie können so lange widerstehen.

- ½ TL Meersalz
- 1 TL schwarze Pfefferkörner
- ¼ TL gemahlener Zimt
- 1 TL Mangopulver (*amchur*; siehe Kurz notiert Seite 32)
- 1 TL rotes Chilipulver
- 25 g Butter
- 500 g Cashewkerne (ungesalzen)

Das Meersalz und die Pfefferkörner im Mörser fein zerstoßen. Den Zimt einarbeiten, dann das Mango- und das Chilipulver zugeben und ebenfalls zermahlen.

Die Butter in einer großen Pfanne bei schwacher Hitze zerlassen und die Cashewkerne darin portionsweise goldgelb rösten. Auf Küchenpapier abtropfen lassen. Sämtliche Nüsse zurück in die Pfanne geben, mit der Gewürzmischung bestreuen und sorgfältig durchschwenken, bis sie rundherum gleichmäßig bedeckt sind.

PIKANT PANIERTE LAMMKOTELETTS

Ein Biss in diese knusprig gebratenen Koteletts und Ihre Gäste werden mit der Zunge schnalzen.

FÜR 4 PERSONEN

5 Knoblauchzehen, zerstoßen
5 cm Ingwer, geschält und gerieben
Saft von 1/2 Zitrone
Je 1 TL Kreuzkümmel- und Koriandersamen und schwarze Pfefferkörner, geröstet und grob zermahlen
8 kleine Lammkoteletts, überschüssiges Fett entfernt, Knochen freigeschabt
Olivenöl zum Braten
2 Eier
200 g helle Semmelbrösel, gewürzt mit Meersalz (japanische Panko-Brösel wären top, aber gewöhnliche Semmelbrösel tun es auch)

Sie schmecken himmlisch, ob heiß oder kalt. Panko finden Sie im Asia-Laden, es sorgt für den extraknusprigen Biss.

Den Knoblauch, den Ingwer, den Zitronensaft und die zermahlenen Gewürze im Mixer zu einer feinen Paste verarbeiten. Die Koteletts damit einreiben und mindestens 2 Stunden oder über Nacht marinieren.

Eine Bratpfanne einen Zentimeter hoch mit Olivenöl füllen und erhitzen. Inzwischen die Eier verquirlen und die Semmelbrösel auf einen Teller streuen. Die Koteletts erst in das Ei tauchen und dann panieren, sodass sie rundherum von Bröseln bedeckt sind. In das heiße Öl legen und von jeder Seite 3 Minuten braten, bis sie außen goldbraun, innen aber noch rosa sind. Auf Küchenpapier abtropfen lassen.

TANDOORI-PANEER-SPIESSE

Für einen phänomenalen fleischlosen Festschmaus empfehle ich diese Paneer-Kebabs.

Paneer (auch »Panir«) ist ein seidiger indischer Frischkäse, ein bisschen wie Tofu, der andere Aromen extrem gut aufnimmt und selbst bei sengender Hitze die Form bewahrt – ideal zum Grillen oder Braten.

ERGIBT 15 SPIESSE

500 g Paneer, in 2 cm große Würfel geschnitten
20 kleine Schalotten, geschält und halbiert, oder 2 rote Zwiebeln, in Spalten geschnitten
Je 1 grüne und rote Paprikaschote, von den Samen befreit und in große Stücke geschnitten
30 g zerlassene Butter
2 TL *chat masala* (indische Gewürzmischung) oder Mangopulver (*amchur*; siehe Kurz notiert Seite 32)

Für die Marinade
2 grüne Chilischoten (Samen entfernt, wenn es nicht so scharf sein soll)
5 Knoblauchzehen
1 daumengroßes Stück Ingwer
1 Handvoll Koriandergrün
200 g Sahnejoghurt
1 EL Tomatenmark
1 TL Paprikapulver
2 TL *garam masala* (indische Gewürzmischung)
1 EL gemahlener Kreuzkümmel
Meersalz und frisch gemahlener schwarzer Pfeffer
Saft von ½ Zitrone

Für die Marinade die Chilischoten, den Knoblauch, den Ingwer und das Koriandergrün im Mixer zu einer feinen Paste verarbeiten. Den Joghurt zugeben und erneut mixen. Die Mischung in eine große Schüssel geben, das Tomatenmark, das Paprikapulver, das *garam masala* und den Kreuzkümmel unterrühren, mit Salz und Pfeffer würzen und den Zitronensaft untermengen. Den Käse und das Gemüse in die Marinade legen und mindestens 1 Stunde durchziehen lassen. Inzwischen 15 Holzspieße wässern.

Sobald Sie startbereit sind, den Grill auf mittlerer Stufe vorheizen. Die Spieße immer abwechselnd mit Gemüse und Käsewürfeln bestücken und von allen Seiten goldbraun grillen; dabei regelmäßig wenden und mit der zerlassenen Butter bestreichen. Mit dem *chat masala* oder dem Mangopulver bestreuen und servieren.

KURZ NOTIERT

Damit der Paneer förmlich auf der Zunge zergeht, empfiehlt meine Schwester Charon Chawla, den Käse in eine hitzebeständige Glasschüssel zu legen, einen Zentimeter hoch mit Wasser zu bedecken und in der Mikrowelle 1 Minute im Aufwärmmodus zu erhitzen. Gut abtropfen lassen und wie beschrieben marinieren.

KAPITEL SIEBEN

Katerfrühstück

Am Morgen nach dem Abend davor

Es musste ja so kommen auf diesem College-Trinkgelage. Den billigen Rosé gekippt, als wäre es der Gipfel der Kultiviertheit. Nur wenige Schlückchen und Sie kichern wie ein albernes Schulmädchen, nach einigen weiteren fühlen Sie sich zum Anbeißen sexy und ein paar Gläser später folgt die gerechte Strafe. Nachdem Sie eine Nacht lang die Toilette statt den tollen Typen vom Jahrgang darüber im Arm hatten, ist ein pochender Kopfschmerz alles, was Ihnen bleibt.

Zehn Jahre später und es hat sich so viel nicht verändert. Sie trinken immer noch Rosé – billig oder nicht –, nur das alberne Schwenken und Schnüffeln, weil es angeblich kultiviert ist, schenken Sie sich.

Hier sind ein paar wirksame Rezepte gegen die Folgen einer durchzechten Nacht – Hangover-Food, Katerfrühstück. Und das Beste ist, man braucht nicht mal einen Kater, um es zu genießen.

Crème de
FRAMBOISE

BURRITOS MIT CHORIZO & RÜHREI

Pikante Chorizo und gebratene Eier sind genau das Richtige, um nach einer ausschweifenden Nacht wieder auf die Beine zu kommen.

FÜR 4 PERSONEN

200 g rohe Chorizo
2 EL Pflanzenöl
8 große Eier
1 Handvoll Koriandergrün, gehackt
4 Tortillas

Die pikante Würze bringt den Körper wieder auf Touren und ist Balsam für die geschundenen Nerven.

Die Chorizo in münzdicke Scheiben schneiden. Das Pflanzenöl in einer Pfanne erhitzen und die Wurst darin bei mittlerer Hitze goldbraun und knusprig braten. Die Eier in einer Schüssel verschlagen und über die Wurst in die Pfanne gießen – Würzen ist nicht erforderlich, das erledigt die Chorizo. Die Eier kurze Zeit stocken lassen und dann zu großen, cremigen Stücken zerrupfen. Das Koriandergrün unterrühren.

Das Rührei auf die erwärmten Tortillas geben und dem Kater die Tür weisen.

PANIERTE KARTOFFELKÜCHLEIN MIT KNUSPRIGEM SPECK

Wo selbst eiserner Wille nicht hilft, aus den Federn zu kommen, die Verlockung eines herzhaften Frühstücks tut es garantiert.

War es wieder mal sehr spät und sich am nächsten Morgen alles dreht, sind diese herzhaften Muntermacher mit knusprigem Speck genau das, was den Nebel im Kopf vertreibt. Aufwachen, wer rastet, der rostet!

ERGIBT 10 STÜCK

6 mehligkochende Kartoffeln
100 g Frühlingszwiebeln, gehackt
250 ml Vollmilch
50 g Butter
1 EL Senf oder Meerrettich (nach Belieben)
Olivenöl zum Braten
2 Eier
200 g Panko (siehe Seite 80)
Meersalz und frisch gemahlener schwarzer Pfeffer
Knusprige Speckscheiben und Tomatenketchup zum Servieren

Die ungeschälten Kartoffeln in reichlich kochendem Salzwasser etwa 20 Minuten garen. Inzwischen die Frühlingszwiebeln in der Milch weich kochen.

Die Kartoffeln, sobald sie ganz weich sind, abgießen, etwas abkühlen lassen und schälen. Mit den Frühlingszwiebeln, der Milch und der Butter zu einem glatten, cremigen Püree ohne Klümpchen zerstampfen. (Ich gebe in dieser Phase gern einen Esslöffel Senf oder Meerrettich mit hinein, aber Sie können es auch bei Salz und Pfeffer belassen.)

Wenn die Masse so weit abgekühlt ist, dass man sie anfassen kann, eine golfballgroße Portion in die Hand nehmen, zu einem Kloß rollen und wie eine Frikadelle abflachen. Auf diese Weise etwa zehn Küchlein formen. In eine Pfanne einen Zentimeter hoch Olivenöl füllen und bei mittlerer Temperatur erhitzen. Die Eier in einer Schüssel verquirlen und die Panko-Brösel auf einen Teller streuen. Die Küchlein erst in das Ei tauchen, dann rundherum sorgfältig panieren und von beiden Seiten goldbraun und knusprig braten. Auf Küchenpapier abtropfen lassen und mit knusprigem Speck und einem Klecks Ketchup servieren.

FULL ENGLISH STACKER –
ENGLISCHES FRÜHSTÜCK, GESTAPELT

Ein bisschen angeschlagen? Dies ist das ultimative Mittel gegen einen ausgewachsenen Kater, weitaus wirksamer als das notorische Aspirin.

FÜR 2 PERSONEN

4 Bratwürste von guter Qualität
4 Scheiben durchwachsener Speck
2 Champignons
Meersalz und frisch gemahlener schwarzer Pfeffer
2 kleine Zweige Cocktailtomaten
Olivenöl und Balsamicoessig zum Beträufeln
4 dicke Scheiben Weißbrot
1 EL Pflanzenöl zum Braten
2 große Eier
Butter zum Bestreichen
Ketchup, Senf oder *brown sauce* (britische Würzsauce, z. B. HP-Sauce)

Eine Grillpfanne erhitzen. Die Würste brauchen am längsten, also sind sie zuerst dran. In die heiße Pfanne legen und rundherum leicht bräunen. Die Hitze herunterstellen, die Würste weitere 10 Minuten grillen und alle paar Minuten wenden. Sobald der Speck dazukommt, brauchen sie noch etwa 5 Minuten – sie sollten am Ende rundherum kräftig gebräunt sein.

Nach etwa 10 Minuten die Temperatur auf mittlere Stufe stellen. Den Speck und die Champignons einlegen, den Speck von jeder Seite 3–4 Minuten braten – je nachdem wie knusprig Sie ihn mögen –, die Champignons 2 Minuten rösten, mit schwarzem Pfeffer und etwas Meersalz würzen, wenden und weitere 4 Minuten garen.

Die Tomaten mit Olivenöl und ein wenig Balsamico beträufeln, kräftig salzen und pfeffern und 5 Minuten in der Pfanne rösten.

Kurz bevor sämtliche Zutaten gar sind, das Brot toasten und alles zum Braten der Eier vorbereiten. Das Pflanzenöl in einer Pfanne erhitzen, vorsichtig die Eier hineinschlagen und 30 Sekunden stocken lassen. Die Hitze auf niedrige Stufe stellen und das Eigelb während des Bratens immer wieder mit dem heißen Fett überziehen. Nach 1 weiteren Minute sind die Spiegeleier fertig; falls Sie das Eigelb etwas fester bevorzugen, die Garzeit entsprechend verlängern.

Die Toasts buttern, zwei Scheiben mit je einem in Scheiben geschnittenen Pilz und zwei Scheiben Speck belegen. Mit je einer Scheibe Toast bedecken, Butterseite nach oben, und mit den Würsten und Spiegeleiern garnieren. Die Tomaten darüberlegen und mit Ketchup, Senf oder *brown sauce* servieren – oder auch mit allen dreien, wenn es im Schädel richtig hämmert!

KÄSE-WÜRSTCHEN-MUFFINS

Wenn Sie von einem Frühstück mehr erwarten als eine Schale breiiges, fades Müsli, werden Sie diese Muffins mögen.

ERGIBT 12 STÜCK

275 g Mehl
1 gehäufter TL Backpulver
1 TL Meersalz
2–3 gehäufte TL Senfpulver
2 große Eier
225 ml Vollmilch
125 g geriebener Cheddar oder Greyerzer (Gruyère)
225 g Schweinswürste, gebraten und in Scheiben geschnitten
Einige Zweige Thymian, Blättchen abgezupft

Muffins zu backen, ist meine Vorstellung von einem entspannten Sonntagnachmittag, sei es auch nur, um den Gedanken an den nahenden Montagmorgen zu verscheuchen. Und wenn ihr verlockender Duft erst durch die Wohnung strömt, darf es auch Sonntagabend werden.

Den Ofen auf 190 °C vorheizen. Ein Muffinblech mit zwölf Vertiefungen mit Papierschälchen auskleiden.

Das Mehl und das Backpulver in eine große Schüssel sieben und sorgfältig das Salz und das Senfpulver untermengen.

Ein Ei mit der Milch verschlagen und in die Mehlmischung gießen. Den Käse, die Wurstscheiben und den Thymian zugeben und alles rasch vermengen – nicht wie wild rühren, die Mischung sollte noch leicht klumpig und stückig sein. Die Muffinschälchen großzügig mit dem Teig füllen. Das zweite Ei verschlagen und den Teig damit einpinseln, damit die Muffins nach dem Backen goldgelb glänzen.

Die Muffins 15–20 Minuten backen, bis sie durch sind, und heiß oder kalt genießen.

LACHSTOAST

Einen Kater zum Frühstück und diese Lachstoasts, um ihn zu vertreiben – darauf trinke ich!

Wer immer behauptet hat, guter Wein mache keinen schweren Kopf, ist ein großer Lügner. Das wissen Sie sicher aus eigener Erfahrung, denn schließlich hat man Ihnen dasselbe weisgemacht. Immerhin war der edle Stoff eine Gutsabfüllung und jeden Tropfen wert.

FÜR 4 PERSONEN

8 Scheiben Sandwichtoast
20 g Butter, zerlassen
4 TL Dijonsenf
30 g Rucola (vorzugsweise wilder Rucola)
150 g geräucherter Lachs
Frisch gemahlener schwarzer Pfeffer
Saft von ½ Zitrone
100 g Greyerzer (Gruyère) in Scheiben

Zwei Toastscheiben von einer Seite mit zerlassener Butter bestreichen. Auf der ungebutterten Seite der einen Scheibe einen Teelöffel Senf verteilen, mit etwas Rucola bedecken und mit Räucherlachs belegen. Mit Pfeffer würzen, etwas Zitronensaft darüberträufeln und großzügig mit Käse bedecken. Die andere Scheibe mit der gebutterten Seite nach oben auflegen.

Eine Grillpfanne bei mittlerer Temperatur erhitzen. Sobald sie heiß ist, das Sandwich mit der Käseseite nach unten einlegen und 5 Minuten grillen; wenden und von der anderen Seite weitere 2 Minuten garen. Die restlichen Sandwiches in gleicher Weise zubereiten. Diagonal in Hälften schneiden und mit einer Tasse Earl Grey genießen.

BAGELS MIT RÄUCHERLACHS, SPINAT, RÜHREI & HOLLANDAISE

Dies ist mein Lieblingsfrühstück – ja, es hat wahrscheinlich mit dem hohen Butteranteil zu tun, aber sehen Sie, es hat auch den Franzosen nicht geschadet.

Wenn ich es für Freunde zubereite, komme ich mir immer ungemein erwachsen und kultiviert vor, und seien wir ehrlich, mit einem Löffel Hollandaise im Mund fühlt sich das Leben gar nicht so schlecht an.

FÜR 4 PERSONEN

4 Bagels, waagerecht in je zwei Hälften geschnitten
200 g Räucherlachs in Scheiben

Für das perfekte Rührei
8 Eier
25 g Butter
1 Dessertlöffel Crème fraîche
1 EL Schnittlauchröllchen
Reichlich Meersalz und frisch gemahlener schwarzer Pfeffer

Für den Spinat
1 Stückchen Butter
250 g junger Blattspinat
Frisch geriebene Muskatnuss

Für die Hollandaise
2 Eigelb
1 ½ EL Zitronensaft
1 ½ EL Weißweinessig
125 g Butter
1 Prise Cayennepfeffer

Wie meistens zum Frühstück ist alles eine Frage des richtigen Timings. Ich empfehle, mit der Hollandaise zu beginnen. Sie gilt als etwas kniffelig, dabei geht es ganz einfach, wenn man sich stur an die Regeln hält. Die Eigelbe, den Zitronensaft und den Essig in der Küchenmaschine verschlagen. Die Butter in einem Topf bei schwacher Hitze zerlassen – nicht verbrennen. Sobald sie aufschäumt, in einen Krug füllen, um sie später in das Ei zu gießen. Hier kann es für den Anfänger gefährlich werden, also aufpassen! Der Trick ist, die Butter bei laufendem Gerät gaaanz langsam zuzugeben, und das geht mit einem Krug leichter als aus dem Topf, weil man besser dosieren kann. Die Butter also in einem steten dünnen Strahl in die Eiermasse gießen und unterschlagen, bis sich eine dicke, cremige Sauce gebildet hat. Den Cayennepfeffer unterrühren und mit Salz und Pfeffer abschmecken.

Jetzt zum Spinat – er braucht nur 1 Minute. Die Butter in einem Topf zerlassen, den Spinat hineingeben und zusammenfallen lassen – das dauert die besagte Minute –, mit Muskatnuss würzen, fertig.

Die Bagels in den Toaster stecken und das Rührei zubereiten. Die Eier verschlagen, aber nicht würzen – gibt man jetzt Salz zu, wird das Rührei wässrig und gummiartig. Die Butter in einer Pfanne erhitzen, die Eier hineingießen und wie bei einem Omelett fast vollständig stocken lassen. Dann zu rühren beginnen und den Fladen in große, cremige Stücke zerpflücken. Solange das Ei im Kern noch etwas flüssig ist, rasch die Crème fraîche und den Schnittlauch unterrühren und mit Salz und Pfeffer würzen – Rührei in Perfektion!

Jetzt alles bereitstellen. Die Bagels auf eine Platte legen, mit dem Spinat, dem Räucherlachs und dem Rührei belegen und mit einem Klecks Hollandaise überziehen. Sofort zuschlagen.

TOASTIES MIT RÄUCHERMAKRELE

Nach diesen simplen, saftigen Sandwiches mit einer kräftigen Dosis Eisen und Omega-Fettsäuren fühlen Sie sich schnell wieder wie ein Mensch.

FÜR 4 PERSONEN

200 g geräucherte Makrelenfilets
2 EL Meerrettichsauce (ersatzweise Sahnemeerrettich nach Geschmack)
2 EL Crème fraîche
Saft von ½ Zitrone
Meersalz und frisch gemahlener schwarzer Pfeffer
1 großzügige Handvoll Brunnenkresse
Butter zum Bestreichen
8 dicke Scheiben Sandwichtoast

Ein rohes Ei schlucken, ein Teller Pommes und zwölf Dosen Cola, roher Fisch mit Erdbeerkrapfen, das Konterbier ..., vergessen Sie es. Manche würden sonst was in sich hineinstopfen, um einen ausgewachsenen Kater zu vertreiben, doch diese vermeintlichen Zaubermittel sind weder schmackhaft noch wirksam. Außerdem haben Sie bereits genug gelitten.

Die Makrelenfilets zerpflücken, mit der Meerrettichsauce, der Crème fraîche und dem Zitronensaft vermengen und würzen. Die Brunnenkresse zerrupfen und ebenfalls untermischen.

Zwei Toasts von einer Seite buttern und die ungebutterte Seite einer Scheibe mit Makrelencreme garnieren. Die andere Scheibe mit der gebutterten Seite nach oben auflegen und die restlichen Sandwiches ebenso vorbereiten. Im Sandwichtoaster goldbraun toasten.

APFEL-MÜSLI-MUFFINS

Wenn Sie schon morgens auf Reserve laufen, spülen Sie ein paar dieser Muffins mit einem doppelten Espresso hinunter und Ihr Motor wird wieder schnurren, wie es nur ein besänftigter Kater kann, und das noch bevor Sie das Büro erreicht haben.

ERGIBT 12 STÜCK

- 175 g Joghurt
- 2 große Eier
- 2 EL Olivenöl
- 1 EL Zitronensaft
- Abgeriebene Schale von 1 unbehandelten Zitrone
- 300 g Vollkornweizenmehl, vermengt mit 2 TL Backpulver
- 150 g brauner Zucker
- 150 g Knuspermüsli
- 1 TL gemahlener Zimt
- 1/2 TL Meersalz
- 1 Apfel (Bramley oder Boskop), in 5 mm kleine Würfel geschnitten

Den Ofen auf 180 °C vorheizen. Ein Muffinblech mit zwölf Vertiefungen mit Papierschälchen auskleiden.

Den Joghurt, die Eier, das Olivenöl, den Zitronensaft und die Zitronenschale zu einer dickflüssigen Masse verschlagen.

Das Mehl in eine zweite Schüssel sieben (im Sieb verbliebene Kleie ebenfalls zugeben) und sorgfältig den braunen Zucker untermischen. Das Müsli, den Zimt und das Salz zugeben und erneut mischen. Zuletzt die Apfelwürfel untermengen und darauf achten, dass sie rundherum gut mit Mehl bedeckt sind. Die Mischung unter die Eiermasse ziehen – Sie sollten jetzt einen dicken, klebrigen Teig haben.

Den Teig in die vorbereiteten Formen füllen und 25 Minuten backen. Die Muffins abkühlen lassen und kalt genießen.

EXOTISCHER OBSTSALAT MIT BRIOCHE-TEMPURA

Ein erfrischend kühler Obstsalat mit knusprig-heißer Brioche weckt die Lebensgeister.

Wenn ich mal richtig gut war, gönne ich mir zur Belohnung zu diesem Salat noch eine Kugel Vanilleeis. Bereiten Sie ihn am Vorabend zu, damit die Früchte Zeit haben, den aromatischen Sirup aufzusaugen.

FÜR 6 PERSONEN

1 kleine Ananas, geschält und in Stücke geschnitten
1 festfleischige Mango, geschält und in Stücke geschnitten
1 Guave, geschält und in Stücke geschnitten
20 Litschis, geschält und entsteint
1 Nashi-Birne, in Stücke geschnitten
1 kleine Papaya, geschält und in Stücke geschnitten
Griechischer Joghurt oder Vanilleeis zum Servieren

Für den Sirup

4 EL heller, feiner Rohrohrzucker (Bioladen)
Abgeriebene Schale von 1 unbehandelten Limette
Einige Zweige frische Minze
1 cm Ingwer
1 Vanilleschote, aufgeschlitzt
2 Sternanis

Für die Brioche-Tempura

Erdnussöl zum Frittieren (siehe Hinweis Seite 12)
50 g Mehl
50 g Maisstärke
1 EL Backpulver
½ TL gemahlener Zimt
1 Ei, verquirlt
200 ml eiskaltes Mineralwasser
1 Eiswürfel
8 Scheiben Brioche

Für den Sirup den Zucker, die Limettenschale, die Minze, den Ingwer, die Vanilleschote und den Sternanis in 200 Milliliter Wasser geben und zum Kochen bringen. Die Mischung 10 Minuten köcheln lassen und vom Herd nehmen. Den Sirup, sobald er abgekühlt ist, durch ein Sieb über die vorbereiteten Früchte gießen und diese mindestens 2 Stunden oder über Nacht in den Kühlschrank stellen, damit sie durchziehen können.

Für die Brioche-Tempura in einer Fritteuse oder einem hohen Topf Erdnussöl erhitzen. Das Mehl, die Stärke und das Backpulver in die Schüssel der Küchenmaschine sieben und den Zimt untermengen. Das verquirlte Ei und das Wasser verrühren, in die trockenen Zutaten gießen und einige Male mixen – den Teig nicht zu intensiv durcharbeiten. Den Eiswürfel zugeben. Die Brioche-Scheiben in den Teig tauchen, sodass sie damit überzogen sind, und frittieren, bis sie goldbraun und knusprig sind.

Sofort mit dem gut gekühlten Obstsalat und einem Klecks griechischen Joghurt oder einer Kugel Vanilleeis servieren.

ARME RITTER MIT BANANEN, NUSSNUGATCREME & PISTAZIEN

Leidende Seelen verdienen einen süßen Trost, und nichts hilft über einen Katzenjammer süßer hinweg als dieser.

In einem Anfall von Dekadenz nehme ich für diese Armen Ritter statt Nussnugatcreme eine Handvoll dunkler Schokoladentropfen – am liebsten von Valrhona –, die beim Garen zerlaufen und in das Brot sickern. Man ist, was man isst, und macht auch ein armer Ritter nicht reich, so macht er zumindest sexy.

ERGIBT 2 ARME RITTER

- 4 dicke Scheiben Weißbrot (siehe unten)
- Nussnugatcreme oder 150 g dunkle Schokoladentropfen
- 2 Bananen, in dünne Scheiben geschnitten
- 4 Eier
- 4 EL feinster Zucker
- 4 EL Vollmilch
- 1 TL gemahlener Zimt
- 2 TL Vanilleextrakt
- 1 großzügiges Stück Butter zum Braten
- 1 Handvoll gehackte Pistazienkerne
- Puderzucker zum Bestauben

Zwei Brotscheiben dick mit Nussnugatcreme bestreichen oder mit den Schokotröpfchen bedecken. Mit einer Schicht Bananenscheiben belegen und mit einer Scheibe Brot bedecken.

In einer Schüssel die Eier mit dem Zucker, der Milch, dem Zimt und dem Vanilleextrakt verschlagen. Die Armen Ritter in die Mischung legen und von jeder Seite 2 Minuten einweichen lassen.

Die Butter in einer Pfanne bei schwacher bis mittlerer Hitze zerlassen. Die Armen Ritter einlegen und von beiden Seiten braten, bis sie goldbraun und einladend bauschig wie Kopfkissen sind. Mit den Pistazien und Puderzucker bestreuen, wenn es unbedingt sein muss, und hineinbeißen.

KURZ NOTIERT

Altbackenes Brot ist für Arme Ritter am besten geeignet, da es beim Einweichen nicht so leicht zerfällt.

Braten Sie die Armen Ritter bei moderater Hitze, damit sie vollständig durchgaren und die Schokolade auch wirklich schmilzt und in das Brot sickert.

BUTTERMILCHPFANNKUCHEN MIT BANANEN

Wenn Sie in den Klauen eines pochenden, pulsierenden, gnadenlosen Katers sind, sollte schleunigst eine gute Freundin vorbeikommen und Ihnen einen Teller dieser Pfannkuchen backen.

ERGIBT 12 PFANNKUCHEN

300 g Mehl, vermischt mit
  2 TL Backpulver
50 g feinster Zucker
1 große Banane
2 große Eier
500 ml Buttermilch
2 EL Joghurt
40 g zerlassene Butter, plus
  Butter zum Backen
1 große Prise frisch geriebene
  Muskatnuss
Erdbeeren zum Servieren

Für die Karamellsauce

200 g feinster Zucker
300 ml Sahne

Ein Löffelchen genügt und das Hämmern in ihrem Kopf verwandelt sich in liebliches Vogelgezwitscher.

Liebe gute Freundin,

für die Karamellsauce den Zucker in einem Topf schmelzen. Sobald er sich in eine bernsteingelbe Flüssigkeit verwandelt hat, die Sahne gründlich einrühren. Ganz einfach – das war schon alles.

Nun zu den Pfannkuchen. Das Mehl und den Zucker in einer Schüssel vermengen. In einer zweiten Schüssel die Banane zerdrücken, bis sie an Babynahrung erinnert; dann die Eier, die Buttermilch und den Joghurt unterrühren. Diese Mischung unter das Mehl und den Zucker ziehen, die zerlassene Butter hineingeben und großzügig mit Muskat würzen.

Eine Pfanne bei mittlerer Temperatur erhitzen und den Boden mit etwas zerlassener Butter bestreichen. Eine Schöpfkelle Pfannkuchenteig einfüllen und von jeder Seite 1–2 Minuten backen. Aus der Pfanne gleiten lassen und den restlichen Teig in gleicher Weise zu Pfannkuchen verarbeiten. Die fertigen Pfannkuchen zwischen Pergamentpapier auf einen Teller stapeln.

Zwei oder drei Pfannkuchen übereinanderlegen, mit entstielten Erdbeeren und Karamellsauce garnieren und auf einem Tablett Ihrer besten Freundin ans Bett bringen. Jetzt sonnen Sie sich im Glanz Ihrer guten Tat und seien Sie sicher, dass Ihre Freundin es eines Tages auf gleiche Weise zurückzahlen wird.

KARTOFFEL-PARATHAS

Parathas, eine Art Fladenbrot, ist Indiens Antwort auf die unvermeidlichen Eier mit Speck.

Keine Eier, kein Speck und auch keine Würste und doch brutzelt es appetitlich in der Pfanne. So wie selbst einige hartgesottene Vegetarier beim Duft von gebratenem Speck schwach werden, so zwingt der Geruch von gerösteten *parathas* die eifrigsten Kalorienzähler in die Knie. Traditionell brät man sie in *ghee* oder geklärter Butter, ich bevorzuge jedoch eine etwas gesündere Variante und nehme Pflanzen- oder Olivenöl. So oder so: Machen Sie sich auf ein paar Extrakalorien gefasst.

ERGIBT 5 STÜCK

Für den Teig

400 g *Chapati*-Mehl (beim Inder), plus Mehl zum Bestauben
3 EL Olivenöl
1 TL Meersalz
Etwa 200 ml Wasser
Pflanzenöl zum Braten
ghee oder Butterschmalz zum Bestreichen

Für die Füllung

2 große Kartoffeln
1 rote Zwiebel, fein gehackt
2 grüne Chilischoten (Samen entfernt, wenn es weniger feurig sein soll), fein gehackt
1 TL Kreuzkümmelsamen
1/2 TL *Ajowan*-Samen (indischer Kümmel)
1/2 TL Meersalz
1 kleine Handvoll Koriandergrün, fein gehackt

Zum Servieren

Indisches Mango- oder Zitronen-Pickle
Joghurt

Für den Teig das *Chapati*-Mehl mit dem Olivenöl und dem Salz vermengen und so viel Wasser einarbeiten, bis ein glatter, fester Teig entstanden ist. Gründlich durchkneten, bis der Teig geschmeidig und elastisch ist. Ruhen lassen, während Sie die Füllung vorbereiten.

Die Kartoffeln in etwa 15 Minuten bissfest kochen. Etwas abkühlen lassen, schälen und in eine Schüssel reiben. Die Zwiebel, den Chili, den Kreuzkümmel, das *ajowan*, das Salz und das Koriandergrün untermengen und die Masse in fünf Portionen teilen.

Den Teig noch einmal durchkneten und in zehn gleichgroße Stücke zerteilen. Zwei Teigklöße zu großen, dünnen, runden Fladen ausrollen und dabei mit Mehl bestauben, damit sie nicht kleben. Einen Fladen dünn mit der Kartoffelmasse bestreichen und den anderen Fladen auflegen – wie bei einem Sandwich. Fest zusammendrücken, damit sie auch sicher zusammenhalten.

Eine Bratpfanne mit ebenem Boden mit einem Teelöffel Pflanzenöl fetten und sehr heiß werden lassen. Den gefüllten Fladen einlegen und die Hitze reduzieren. Den Fladen einige Minuten backen, die Oberfläche mit *ghee* bestreichen, wenden und weitere 2 Minuten backen, bis er goldbraun und knusprig ist. Die restlichen *parathas* genauso zubereiten; bei Bedarf weiteres Öl zugeben.

MASALA-OMELETT

Wenn Ihnen ein vernebelter Kopf und ein übler Geschmack auf der Zunge zu schaffen machen, ist dieses Omelett die richtige Therapie.

FÜR 1 PERSON

1 EL Pflanzenöl
½ kleine rote Zwiebel, fein gehackt
1 TL gemahlener Kreuzkümmel
1 grüne Chilischote (Samen entfernt, wenn es nicht so scharf sein soll), fein gehackt
1 kleine Tomate, fein gewürfelt
2 Eier
½ TL *garam masala* (indische Gewürzmischung)
Meersalz und frisch gemahlener schwarzer Pfeffer
1 EL gehacktes Koriandergrün
Brot oder warmes Pitabrot und Chilisauce zum Servieren

Der Chili wird Ihnen helfen, das ganze scheußliche Gift restlos auszuschwitzen, anschließend fühlen Sie sich fast wie neugeboren – ohne eine einzige Kopfschmerztablette.

Den Backofengrill auf hoher Stufe vorheizen. Das Pflanzenöl in einer beschichteten Pfanne erhitzen. Die Zwiebel, den Kreuzkümmel und den Chili darin glasig schwitzen, die Tomate zugeben und 1 Minute garen.

Inzwischen die Eier verschlagen und mit dem *garam masala* sowie Salz und Pfeffer würzen. Das Koriandergrün unterrühren. Die Mischung in die heiße Pfanne gießen und durch Neigen der Pfanne gleichmäßig zerlaufen lassen. Sobald das Omelett von unten gestockt ist, unter den Grill schieben und von oben stocken lassen. Auf Brot oder in aufgebackenes Pitabrot gefüllt mit einem Klecks Chilisauce servieren.

RÖSTIS MIT ZWIEBELN, KREUZKÜMMEL & SPIEGELEIERN

Die Nachwirkungen einer Nacht außer Rand und Band können fürchterlich sein. Doch neben den bitteren und schmerzlichen Wehwehchen lockt ja auch die Aussicht auf einen leckeren Muntermacher.

Ein Teller würzige Röstis mit cremigen Spiegeleiern macht alle Reue vergessen. Und überhaupt – wenn es etwas zu bereuen gibt, dann war der Abend wohl sowieso nichts.

ERGIBT 12 RÖSTIS

- 500 g vorwiegend festkochende Kartoffeln, geschält und gerieben
- 1 kleine rote Zwiebel, gerieben
- 4 EL gehacktes Koriandergrün
- 1 grüne Chilischote (Samen entfernt, falls Sie es weniger scharf mögen), fein gehackt
- 2 TL Kreuzkümmelsamen
- 1 gehäufter EL Mehl
- 1 Ei, leicht verschlagen
- Olivenöl zum Braten
- 4 Spiegeleier zum Servieren

Die Kartoffeln in kaltem Wasser einweichen, so werden sie extraknusprig. Abtropfen lassen und so gut wie möglich ausdrücken. In einer Schüssel mit der Zwiebel, dem Koriandergrün, dem Chili und dem Kreuzkümmel gründlich vermengen und das Mehl und das Ei einarbeiten.

In einer beschichteten Pfanne einen Esslöffel Olivenöl erhitzen. Mit befeuchteten Händen pro Rösti zwei Esslöffel der Masse aufnehmen, zu flachen Küchlein formen und bei mittlerer Hitze von jeder Seite in 3 Minuten goldbraun und knusprig braten. Auf Küchenpapier abtropfen lassen und fortfahren, bis sämtliche Zutaten verbraucht sind. Pro Person drei Röstis mit einem Spiegelei anrichten und servieren.

KAPITEL ACHT

Kochen auf Sparflamme

Wenn Sie Ihren gesamten Schotter in die neuen Louboutins gesteckt haben

Es gibt eine Szene in *Sex and the City*, die meinen Freundinnen aus der Modebranche wie auf den Leib geschrieben ist. Carrie Bradshaw, topgestylt, klimpernde Kulleraugen, sagt zu ihren Freundinnen: »Als ich nach New York kam und total abgebrannt war, kaufte ich mir immer die *Vogue* statt etwas zu essen; es schien mir irgendwie nahrhafter.« Keine Frage, Carries Speisekammer hatte sich in einen begehbaren Kleiderschrank verwandelt. Doch selbst wenn Sie ihren Tick teilen und für sündhaft teure Schuhe mehr Geld ausgeben als die meisten für die Miete, müssen Sie nicht auf gutes Essen verzichten.

Genügsam sein ist ein neuer Trend. Durchstöbern Sie Ihre Speisekammer, stauben Sie die vergessene Sardinenbüchse ab, von der Sie glaubten, sie würde das Tageslicht nie wieder erblicken, und fangen Sie an zu kochen. Wer schön sein will, muss nicht hungern. Gönnen Sie sich Ihre Louboutins, denn wenn schon kürzer treten, dann auf Pfennigabsätzen!

Langen Sie ruhig zu – jedes Häppchen ist ein Schnäppchen!

PARMENTIER
SARDINES
à l'Huile d'Olive et Piment
PARMENTIER
à l'Huile d'Olive et Piment
LEMON
LIMONE
WAITROSE
SARDINE AL LIMONE

ENGELSHAARSPAGHETTI

MIT KNOBLAUCH, CHILI, ZITRONE & OLIVENÖL

Nichts ist billiger als Pasta und trotzdem muss sie nicht armselig schmecken.

FÜR 4–6 PERSONEN

400 g Capellini d'angelo (Engelshaarspaghetti)
Meersalz
150 ml Olivenöl
1 lange rote Chilischote (Samen entfernt, falls es weniger scharf zugehen soll), in feine Streifen geschnitten
4–6 Knoblauchzehen, in dünne Scheiben geschnitten
Abgeriebene Schale und Saft von 1 unbehandelten Zitrone
Frisch geriebener Parmesan zum Servieren

Kaufen Sie die beste Pasta, die Sie sich leisten können. Solange Sie sie al dente kochen, sind Nudeln alles andere als eine kärgliche Mahlzeit. Im Gegenteil, der Genuss, den ein Teller Spaghetti wie diese mit würzigem Zitronen-Knoblauchöl verspricht, ist unbezahlbar.

Die Engelshaarspaghetti in reichlich kochendem Salzwasser al dente kochen.

Inzwischen das Olivenöl in einer Pfanne bei niedriger Temperatur erhitzen. Den Chili und den Knoblauch darin behutsam goldgelb anschwitzen, die Schale und den Saft der Zitrone zugeben und alles 1 weitere Minute garen. Die abgetropfte Pasta in dem Knoblauchöl wenden, mit Parmesan bestreuen und sofort servieren.

KURZ NOTIERT

Kochen Sie die Pasta grundsätzlich 1 Minute kürzer als auf der Packung angegeben, da sie nach dem Abgießen noch ein Weilchen weitergart.

SARDINEN IN PIKANTER TAMARINDENSAUCE

Dosensardinen sind schmackhaft und billig, selbst wenn Sie die Fische in der Luxusversion, in Olivenöl badend und in kunstvoll verzierten Hochglanzbüchsen verstaut, erstehen.

Falls Sie mal etwas anderes ausprobieren möchten als Sardinen auf Toast, probieren Sie sie in dieser indisch inspirierten, ungemein aromatischen Tamarindensauce.

FÜR 4 PERSONEN

1 EL Pflanzenöl
1 TL Senfsamen
1 Prise Asant (siehe unten)
10 Curryblätter (siehe unten)
2 saftige reife Tomaten, gehackt
½ TL Kurkuma
2 EL Tamarindenpaste
150 ml Wasser
Meersalz
3 Dosen (je 120 g) Sardinen in Olivenöl, abgetropft
3 EL gehacktes Koriandergrün
Gedämpfter Basmatireis zum Servieren

Das Pflanzenöl in einem Topf erhitzen. Wenn es zischend heiß ist, die Senfsamen hineinstreuen und, sobald sie zu platzen beginnen, den Asant und die Curryblätter zugeben. Kurz umrühren, die Tomaten und die Kurkuma untermengen und 5 Minuten garen.

Die Tamarindenpaste und das Wasser zufügen, salzen und die Sauce langsam eindicken lassen, bis sie sämig ist und glänzt. Die Sardinen hineingeben und zugedeckt 5 Minuten erwärmen. Mit Koriandergrün bestreuen und mit Basmatireis servieren.

KURZ NOTIERT

Asant, auch »Teufelsdreck« genannt, hat einen kräftigen, beißenden Geruch. Gegart entwickelt das Gewürz jedoch ein delikates Aroma, das an Zwiebeln und Knoblauch erinnert. In Indien schätzt man es wegen seiner verdauungsfördernden Wirkung und die Jainas (eine Kaste der Hindus), die weder Knoblauch noch Zwiebeln essen, verwenden es als Ersatz dafür. Zu finden ist Asant im indischen Feinkosthandel, wenn nicht, können Sie es über das Internet beziehen. Das Rezept funktioniert auch ohne Asant, doch sorgt es für einen authentischen Anstrich und in Ihrem Regal für ein weiteres Gewürz.

Curryblätter gibt es abgepackt in indischen Lebensmittelläden oder im Asia-Shop. Kaufen Sie frische Blätter, die Sie im Gefrierschrank aufbewahren. Sie halten sich viele Wochen lang, ohne von ihrem frischen Aroma einzubüßen.

KICHERERBSEN-KARTOFFEL-CURRY

Eine Dose Kichererbsen ist ein Muss für jede Speisekammer, die etwas auf sich hält.

FÜR 4 PERSONEN

4 Knoblauchzehen, grob gehackt
2 rote Chilischoten (Samen entfernt, falls es nicht so scharf sein soll), grob gehackt
5 cm Ingwer, geschält und grob gehackt
1 große rote Zwiebel, fein gehackt
1 TL Kreuzkümmelsamen
1 kräftiger Schuss Olivenöl
½ TL gemahlener Zimt
1 EL Tomatenmark
½ Dose (200 g) gehackte Tomaten
½ TL Kurkuma
1 EL Zucker
1 EL gehackter Bockshornklee (nach Belieben)
Meersalz
1 Dose (400 g) Kichererbsen
1 große Kartoffel in 8 Spalten geschnitten
600 ml Wasser
Saft von ½ Limette
Gehacktes Koriandergrün zum Garnieren

Food-Snobs mögen beim Anblick der eingedosten Hülsenfrüchte laut aufheulen, doch ich liebe diese praktische Konserve mit ihrer würzigen Lake. Sie verleiht Salaten mehr Substanz, schmeckt zu Fisch oder Fleisch und überzeugt auch in der Hauptrolle bei diesem würzigen Curry.

Der Bockshornklee ist nicht obligatorisch, mir gefällt aber sein scharfes, vielschichtiges Aroma in Suppen und Schmorgerichten. Ich kaufe immer gleich ein großes Bund, das ich fein hacke, in einem Gefrierbeutel verstaue und tiefkühle. Es hält sich monatelang und ist vielseitig einsetzbar.

Den Knoblauch, den Chili und den Ingwer im Mixer zu einer Paste zermahlen. Die Zwiebel und den Kreuzkümmel in dem Olivenöl goldgelb anschwitzen, die Paste und den Zimt zugeben und kurz rühren, bis die Mischung aromatisch duftet. Das Tomatenmark, die Tomaten, die Kurkuma, den Zucker und den Bockshornklee unterrühren und salzen.

Den Curryansatz etwa 5 Minuten anschwitzen, bis die Tomaten zerfallen und eingedickt sind. Die Kichererbsen und die Kartoffel zugeben, das Wasser angießen und alles zugedeckt 12–15 Minuten garen, bis das Gemüse weich ist. Den Limettensaft unterrühren, das Curry mit dem gehackten Koriandergrün bestreuen und servieren.

KURZ NOTIERT

Meine Mutter hat mir gezeigt, wie Koriandergrün wunderbar frisch bleibt, und wirklich, so hält es sich etwa zwei Wochen. Das frische Bund nicht waschen und darauf achten, dass es ganz trocken ist. Sorgfältig in Küchenpapier wickeln und in einem luftdicht verschlossenen Behälter im Kühlschrank lagern. Je nach Bedarf waschen und weiterverarbeiten.

SESAMNUDELN AUS DEM WOK

Chinesische Eiernudeln sind genauso billig, lecker und einfach zuzubereiten wie italienische Pasta.

Und diese sind ideal, um Gemüsealtlasten zu verwerten, die noch irgendwo im Kühl- oder Gefrierschrank lauern. Und wenn Sie öfter mal einen Teller davon genießen (und glauben Sie mir, das ist keine Kunst), hat auch Ihr Kontostand eine Chance, aus den Miesen herauszukommen. Gelbe Nudeln gegen rote Zahlen!

FÜR 6 PERSONEN

- 300 g mitteldicke chinesische Eiernudeln
- 1 EL Pflanzenöl
- 2 TL Sesamöl
- 2 kleine Karotten, schräg in dünne Scheiben geschnitten
- 1 rote Zwiebel, in Streifen geschnitten
- Je ½ rote und gelbe Paprikaschote, von den Samen befreit und in schmale Streifen geschnitten
- 1 kleine Zucchini, geputzt und fein gewürfelt
- 100 g grüne Bohnen, halbiert und bissfest blanchiert
- 100 g Babymaiskolben, längs halbiert
- 5 cm Ingwer, geschält und streichholzgroß geschnitten
- 1 TL mildes Madras-Currypulver
- 2 EL helle Sojasauce
- 1 EL süße Chilisauce
- Saft von ½ Limette
- 2 EL gerösteter Sesam

Die Nudeln in kochendem Wasser 3 Minuten oder nach Packungsanleitung garen. (Getrocknete Nudeln sind bereits gegart und müssen nur kurz in dem kochenden Wasser quellen.) Sobald sie fertig sind, in ein Sieb abgießen, kalt abschrecken, um den Garprozess zu stoppen, und sorgfältig abtropfen lassen.

In einem Wok erst das Pflanzenöl erhitzen und dann das Sesamöl dazugeben. Es beginnt fast augenblicklich zu duften und sobald es das tut, das Gemüse pfannenrühren – zuerst die Karotten, denn sie brauchen am längsten. Die Karotten bei starker Hitze 2–3 Minuten unter Rühren anbraten, dann die Zwiebel, die Paprikastreifen und die Zucchini zugeben, gefolgt von den grünen Bohnen und dem Babymais. Zuletzt den Ingwer und das Currypulver in die Pfanne streuen und alles gründlich verrühren. Haben Sie nur keine Scheu, die Wok-Pfanne zu schwenken, um das Gemüse durcheinander zu wirbeln, so bleibt es wunderbar knackig. Die Nudeln hineingeben und noch einmal durchschwenken.

Die Sojasauce und die süße Chilisauce untermengen und den Wok von der Hitzequelle nehmen. Mit einem Spritzer Limettensaft und dem Sesam vollenden und servieren.

ÜBERBACKENE CHAMPIGNONS MIT KÄSEKRUSTE

Sie möchten in ein saftiges Filetsteak beißen, doch Ihr Budget lässt es nicht zu?

FÜR 2 PERSONEN

3 Knoblauchzehen, in dünne Scheiben geschnitten
8 große Champignons
Natives Olivenöl extra
Rucolasalat zum Servieren

Für die Tomatensauce

2 EL Olivenöl
1 Zwiebel, fein gehackt
2 dicke Knoblauchzehen, gehackt
1 getrocknete rote Chilischote, zerkrümelt
1 Dose (400 g) gehackte Tomaten
1 TL Zucker
Meersalz und frisch gemahlener schwarzer Pfeffer
2 EL gehackte glatte Petersilie

Für die Käsekruste

200 g Semmelbrösel
1 gehäufter EL gehackte glatte Petersilie
20 g Parmesan, fein gerieben
50 g Cheddar, fein gerieben
1 Handvoll zerpflückte Basilikumblätter

Ihnen kann geholfen werden. Versuchen Sie es stattdessen mit Pilzen. Diese Champignons sind so würzig, fleischig und saftig, wie man es sonst nur von einem guten Steak kennt. Im Ernst – die Ähnlichkeit ist so frappierend, dass Sie den Betrug fast nicht bemerken.

Den Ofen auf 190 °C vorheizen. Sämtliche Zutaten für die Käsekruste gründlich vermengen und würzen. Beiseitestellen, während Sie die Tomatensauce zubereiten.

In einer Pfanne das Olivenöl erhitzen und die Zwiebel darin glasig schwitzen. Den gehackten Knoblauch und den Chili zugeben, nach weiteren 3 Minuten die Tomaten und den Zucker unterrühren und mit Salz und Pfeffer würzen. Die Sauce bei schwacher Hitze 15–20 Minuten eindicken lassen. Eventuell etwas Wasser zugießen, falls sie zu dick wird – sie sollte noch fließfähig sein. Zuletzt die Petersilie unterrühren.

Die Pilze putzen. Die Hälfte der Tomatensauce in eine Bratenpfanne oder Auflaufform gießen und die Knoblauchscheiben und Pilze (Stiele nach oben) darauf verteilen. Mit der restlichen Sauce übergießen und mit der Mischung für die Käsekruste bestreuen. Leicht mit bestem Olivenöl beträufeln und 20 Minuten backen, bis die Sauce blubbert. Mit Rucolasalat servieren.

DHAL KEEMA
(LAMMCURRY MIT LINSEN)

Kein Grund, zum bündelweise Geld verschlingenden Schickimicki-Inder aufzubrechen, nur weil Sie Lust auf ein pikantes Curry haben.

FÜR 6 PERSONEN

3 EL Pflanzenöl
1 Zwiebel, fein gehackt
1 TL gemahlener Kreuzkümmel
3 cm Ingwer, geschält und gerieben
4 Knoblauchzehen, gehackt
½ TL Gewürznelken, zerstoßen
2 getrocknete rote Chilischoten, zerkrümelt
4 grüne Kardamomkapseln, zerstoßen
1 Zimtstange
1 Lorbeerblatt
½ TL Kurkuma
½ Dose (200 ml) gehackte Tomaten
450 g mageres Lammhackfleisch von guter Qualität
100 ml Wasser
100 g gelbe Linsen, 2 Stunden in kaltem Wasser eingeweicht
naan oder anderes Fladenbrot zum Servieren

Dieses Lammcurry mit Linsen geht einfach und schnell genug, um es zu Hause zuzubereiten, und auch Ihre Brieftasche wird es Ihnen danken.

Das Pflanzenöl in einem Schmortopf erhitzen und darin die Zwiebel mit dem Kreuzkümmel goldbraun anschwitzen. Der Kreuzkümmel entwickelt ein wunderbar nussig-erdiges Aroma. Den Ingwer und den Knoblauch zugeben und 2 Minuten anbraten.

Die Nelken, den Chili, den Kardamom, den Zimt, das Lorbeerblatt und die Kurkuma hineinstreuen und 2 Minuten anrösten – der Duft der Gewürze wird Ihre ganze Küche erfüllen. Die Tomaten zugeben und, sobald sie zerfallen und leicht eingedickt sind, das Hackfleisch hinzufügen. Sorgfältig in der Gewürzmischung wenden, sodass es von allen Seiten gut bedeckt ist, und einige Minuten pfannenrühren; dann das Wasser zugießen und alles zugedeckt 15 Minuten schmoren.

Die Linsen abtropfen lassen, unter das Curry rühren und dieses zugedeckt weitere 5 Minuten garen. Zuletzt den Deckel abheben und überschüssige Flüssigkeit bei starker Hitze verkochen lassen – das Curry sollte sämig, jedoch nicht wässrig sein. Mit *naan* oder anderem Fladenbrot servieren.

GEBACKENER POLLACK MIT TOMATEN-OLIVEN-SAUCE

Da sich der Kabeljau zunehmend rar macht (besser gesagt: wir ihn rar machen), habe ich mich nach Alternativen umgesehen und muss sagen, dass ihn der Pollack hervorragend vertritt.

Außerdem ist Pollack viel preiswerter. Ich verspreche Ihnen, niemand außer Ihnen selbst wird den Unterschied spüren.

FÜR 4 PERSONEN

1 rote Zwiebel, fein gehackt
3 Knoblauchzehen, gehackt
1 EL Olivenöl
1 getrocknete rote Chilischote, zerkrümelt
1 TL getrockneter Oregano
1 Dose (400 g) gehackte Tomaten
1 TL Zucker
12 Kalamata-Oliven
Meersalz und frisch gemahlener schwarzer Pfeffer
4 Pollackfilets von je 175 g
Saft von 1 Zitrone
4 unbehandelte Zitronenscheiben, in Zucker gewendet
Gehackte Basilikumblätter oder gehackte glatte Petersilie zum Garnieren (nach Belieben)
Natives Olivenöl extra zum Beträufeln

Den Ofen auf 190 °C vorheizen. Für die Tomaten-Oliven-Sauce die Zwiebel und den Knoblauch in dem Olivenöl goldgelb anschwitzen und den Chili und den Oregano einstreuen. Die Tomaten und den Zucker zugeben und etwas eindicken lassen. Die Oliven unterrühren, die Sauce mit Salz und Pfeffer würzen und auf ein Blech oder in eine große Auflaufform gießen.

Die Fischfilets kräftig salzen und pfeffern und nebeneinander in die Sauce legen. Mit dem Zitronensaft beträufeln und auf jedes Filet eine gezuckerte Zitronenscheibe legen. Im Ofen etwa 12 Minuten backen, bis der Fisch durchgegart ist. Falls zur Hand, mit frischem Basilikum oder glatter Petersilie bestreuen und mit ein paar Tropfen bestem Olivenöl abrunden.

NASI GORENG

So wird ein Resteessen zum Festessen – mit nichts als übrig gebliebenem Reis.

Dieser teuflisch scharf gebratene Reis ist ein weiterer Kunstgriff aus der Trickkiste der genusssüchtigen Pfennigfuchserin, die schon mal für das nächste Paar Schuhe spart.

FÜR 4 PERSONEN

1 Zwiebel, grob gehackt
4 Knoblauchzehen, grob gehackt
2 rote Chilischoten (Samen entfernt, wenn es weniger scharf sein soll), grob gehackt
6–8 Sardellenfilets in Olivenöl, abgetropft und grob gehackt
1 TL Garnelenpaste
1 TL Meersalz
4 EL Pflanzenöl
125 g rohe Riesengarnelen, geschält und von den Därmen befreit
100 g grüne Bohnen, in Stücke geschnitten und bissfest gegart
600 g gegarter Reis
3 verquirlte Eier, plus 1 ganzes Ei
3 Frühlingszwiebeln, in Ringe geschnitten
Saft von 1/2 Limette

Die Zwiebel, den Knoblauch, den Chili und die Sardellen mit der Garnelenpaste und dem Salz im Mixer zu einer glatten Paste zermahlen. Die Paste in drei Esslöffeln des Pflanzenöls 8–10 Minuten unter ständigem Rühren anschwitzen, um die Zutaten zu garen. Sobald sich die Paste dunkelrot färbt, die Garnelen zugeben und 2 Minuten pfannenrühren. Die grünen Bohnen untermengen und alles 1 weitere Minute garen. Den Reis zugeben, gut umrühren, um alles gleichmäßig zu vermischen und an den Topfrand schieben. Daneben das verquirlte Ei hineingießen, kurz stocken lassen und dann wie Rührei verrühren. Unter den Reis mengen.

In einer Pfanne das restliche Öl erhitzen, das ganze Ei hineinschlagen und braten, bis das Eiweiß gestockt, das Gelbe jedoch noch wunderbar cremig ist.

Den Reis auf eine Platte häufen, mit den knackigen Frühlingszwiebeln bestreuen und mit dem Limettensaft beträufeln. Den Gipfel mit dem Spiegelei krönen und servieren.

PIKANTER NUDEL-WURST-AUFLAUF

Dieser Auflauf ist eine clevere Art, ein paar gute Würste in einen preiswerten Schmackofatz mit dem gewissen Etwas zu verwandeln.

FÜR 6 PERSONEN

2 EL Olivenöl
100 g *pancetta* oder durchwachsener Speck, gewürfelt
1 rote Zwiebel, fein gehackt
3 Stangen Staudensellerie, fein gehackt
1 Karotte, gehackt
3 Zweige Thymian, Blättchen abgezupft
2 Knoblauchzehen, gehackt
½ TL Chiliflocken
200 g braune Champignons, in Scheiben geschnitten
6 italienische Würste oder frische, grobe Bratwürste, Brät herausgelöst
200 ml Rotwein
1 Dose (400 g) gehackte Tomaten
Meersalz und frisch gemahlener schwarzer Pfeffer
500 g Penne oder Rigatoni
100 g Mozzarella, zerpflückt
100 g Parmesan, frisch gerieben

Wer sparen muss, muss es keinesfalls an der Qualität. Billige Würste enthalten oft kaum Fleisch – bei uns schreibt das Gesetz einen Mindestanteil von 40 Prozent vor und selbst die bestehen häufig überwiegend aus Knorpeln und altem Fett. Doch auch eine Wurst, die den Namen verdient, treibt Sie nicht in den Ruin. Dieser Auflauf ist so lecker und wohltuend wie eine Lasagne – ohne das ganze feinsäuberliche Übereinanderschichten. Ein Gewurstel, aber gut!

In einem Topf das Olivenöl erhitzen und den Speck, die Zwiebel, den Sellerie und die Karotte darin anbraten, bis der Speck gebräunt und das Gemüse goldgelb und weich ist. Etwas Thymian, den Knoblauch, die Chiliflocken und die Pilze zugeben und das Wurstbrät hineinbröckeln. Die Mischung 6–8 Minuten anbraten, mit dem Wein ablöschen und den Alkohol verdampfen lassen. Die Tomaten unterrühren, die Sauce würzen und 15 Minuten köcheln lassen.

Inzwischen die Pasta in reichlich kochendem Salzwasser al dente garen und den Ofen auf 190 °C vorheizen.

Die Pasta in ein Sieb abgießen, abtropfen lassen und unter die Sauce rühren. Die Mischung in eine Auflaufform füllen und mit dem Mozzarella und Parmesan bestreuen. Im Ofen in 15–20 Minuten goldbraun überbacken.

RESTE-PAELLA MIT HÄHNCHEN

Des einen Gerippe ist des anderen Fleisch.

Ich liebe mein schon ganz zerlesenes Exemplar von Simon Hopkins *Roast Chicken and Other Stories.* Ich bewundere die Geradlinigkeit seiner Rezepte, doch habe ich mich immer gefragt, was eigentlich mit den Resten passiert? In *meinem* Märchen verwandelt eine gestiefelte Prinzessin in Balenciaga-Boots die kümmerlichen Fleischfetzen einer abgegessenen Hühnerkarkasse in eine köstliche, gar nicht teure Paella. Alle im Königreich probieren davon und sind vergnügt. Und die Moral von der Geschicht: Spare – aber an den Schuhen nicht!

FÜR 6 PERSONEN

30 ml Olivenöl
1 Zwiebel, fein gehackt
2 Tomaten, fein gehackt
2 Knoblauchzehen, gehackt
300 g gegartes Hähnchenfleisch, in mundgerechte Stücke geschnitten
350 g Langkornreis
800 ml Hühnerbrühe
1 großzügige Prise Safranfäden, in etwas warmem Wasser zerstoßen
150 g Erbsen (tiefgekühlt)
1 geröstete, enthäutete Paprikaschote (aus dem Glas), in Streifen geschnitten
1 Handvoll glatte Petersilie, fein gehackt
Meersalz

Das Olivenöl in einem Topf erhitzen und die Zwiebel darin glasig schwitzen. Die Tomaten und den Knoblauch zugeben und 5 Minuten garen, bis die Tomaten zerfallen sind. Das Hähnchenfleisch untermengen, 1 Minute weiterrühren und dann den Reis einstreuen. Die Hühnerbrühe zugießen, noch einmal umrühren und den Safran untermischen. Zum Kochen bringen und zugedeckt bei schwacher Hitze 10–15 Minuten garen.

Die Erbsen, die Paprikastreifen und die Petersilie zugeben, salzen und alles weitere 5 Minuten erhitzen. Servieren.

KAPITEL NEUN

Ran an den Speck

Wenn die Chloé-Jeans zwickt

Diät-Shakes, abnehmen mit Wasser, Pillen als Fettkiller, Anti-Cellulite-Suppen – auf was ich nicht alles hereingefallen bin. Solange es immer noch leichter ist, eine Schachtel Pralinen zu verdrücken, als die Last des eigenen Gewichts zu ertragen (zugegeben, manchmal ist schwer daran zu schleppen), sind wir auf der Suche nach der nächsten, wahre Wunder wirkenden Diät. Und je besessener wir werden, desto mehr plagen uns Fantasien von zügelloser Völlerei.

Dem Terror des Abspeckwahns zu entkommen, ist schwierig. Ich kenne keine Frau, die nicht schon mal nachts mit irrem Blick im Mondlicht dagesessen wäre, einen Schokoladenpudding in der einen Hand, einen Löffel, wie einen Spaten schwingend, in der anderen!

Nicht verzweifeln. Legen Sie den Löffel erst mal ab und treten Sie vom Kühlschrank zurück. Ich sagte, weg vom Kühlschrank! Lesen Sie das folgende Kapitel. Taillenfreundliches Essen kann durchaus schmecken – Sie werden Augen machen.

THAI-SALAT MIT GARNELEN UND PAPAYA

Dieser Salat vereint alles, was die thailändische Küche ausmacht; er ist scharf, süßlich, sauer und salzig, alles zugleich – ein einzigartiger Gaumenkitzel.

FÜR 4 PERSONEN

1 grüne Papaya, halbiert, Kerne entfernt
100 g grüne Bohnen
200 g gegarte, geschälte Riesengarnelen
1 EL leicht geröstete Erdnusskerne

Für das Dressing
2 Knoblauchzehen
2 Thai-Chilischoten, Samen entfernt
3 EL Fischsauce *(nam pla)*
Saft von 2 Limetten
1 gehäufter TL brauner Zucker
12–15 Kirschtomaten, halbiert

Grüne Papayas sind nicht immer leicht aufzutreiben. Versuchen Sie es im Asia-Shop, dort sollten Sie fündig werden.

Beginnen Sie mit dem Schälen und Reiben der Papaya. Das geht am besten mit einem Gemüsehobel, auch Mandoline genannt, wenn Sie haben. Andernfalls nehmen Sie eine gewöhnliche Kastenreibe. Das geriebene Fruchtfleisch für etwa 5 Minuten in kaltes Wasser legen und dann sorgfältig abtropfen lassen. So bleibt es schön knackig.

Die Bohnen in je drei Stücke schneiden und in kochendem Wasser bissfest garen. Abgießen und sofort kalt abschrecken, um den Garprozess zu stoppen, damit sie ebenfalls knackig bleiben. Abtropfen lassen.

Für das Dressing den Knoblauch und den Chili in einem großen Mörser zerstoßen. Die Fischsauce und den Limettensaft unterrühren, den Zucker und die halbierten Tomaten zugeben und leicht zerdrücken, damit sie ein wenig von ihrem Saft abgeben.

Den Inhalt des Mörsers über das geriebene Papayafleisch geben und die grünen Bohnen und Garnelen untermengen. Die Erdnüsse leicht zerstoßen und über den Salat streuen. Gründlich durchheben und die wohlige Mischung aus scharf, süß, salzig und sauer auf der Zunge zergehen lassen.

REISSALAT MIT KREBS-SCHWÄNZEN & MANGO

Das Dressing ist so vollmundig und belebend, dass gar nicht erst das Gefühl aufkommt, irgendeinen Verzicht zu üben.

FÜR 4 PERSONEN

150 g brauner Reis
200 g gegarte, geschälte Flusskrebsschwänze
1 kleine Salatgurke, gewürfelt
4 Frühlingszwiebeln, gehackt
1 große feste Mango, geschält und gewürfelt
1 Bund Koriandergrün, gehackt
2 EL geröstete Erdnusskerne

Für das Dressing

75 ml Kokosmilch
1 rote Chilischote (Samen entfernt, wenn Sie es nicht so scharf mögen), fein gehackt
Saft von ½ Limette
1 EL Fischsauce *(nam pla)*
1 TL Palmzucker

Enge Lederhosen, das war letzte Saison, inzwischen sind Sie ihr sprichwörtlich entwachsen. Bestrafen Sie sich nicht selbst mit einer Diät, die aus pürierten Bohnensprossen besteht und Reiswaffeln zu den Hauptnahrungsmitteln zählt – essen Sie einfach etwas Gesundes und Schmackhaftes. Der braune Reis bei diesem Salat hält lange vor, also keine Gefahr, dass Sie von nachmittäglichen Hungerattacken gequält werden.

Für das Dressing die Kokosmilch, den Chili, den Limettensaft und die Fischsauce vermengen. Den Palmzucker unterrühren, bis er sich aufgelöst hat.

Den Reis in einem großen Topf Salzwasser nach Packungsanleitung kochen, bis er eben gar ist. Abgießen und abkühlen lassen.

Den abgekühlten Reis in einer Salatschüssel mit den Krebsschwänzen, der Gurke, den Frühlingszwiebeln und den Mangowürfeln vermengen. Das Koriandergrün darüberstreuen, mit dem Dressing übergießen und gründlich durchheben. Mit den Erdnüssen garnieren.

WARMER ROTE-BETE-SALAT MIT BOHNEN & FETA

Der Reiz dieses leichten Salats liegt in dem Spiel der Kontraste.

Der salzig-cremige Schafskäse, die süßlich herbe rote Bete und der knackige Biss der grünen Bohnen machen jede Gabel zu einem Hochgenuss, und Sie fragen sich, warum Sie nicht schon früher auf den Gesundheitstrip gekommen sind.

FÜR 4 PERSONEN

6–8 kleine Rote Beten, geschält und geviertelt
3 EL Olivenöl
100 g breite Bohnen (Stangenbohnen), in Stücke geschnitten
Meersalz
40 g Rucola (vorzugsweise wilder Rucola)
150 g Schafskäse (Feta)
2 EL guter Balsamicoessig
2 EL Kapern

Den Ofen auf 200 °C vorheizen. Die Rote Bete in eine Bratenpfanne legen, mit etwas Olivenöl beträufeln und 20–25 Minuten im Ofen backen, bis die Viertel durchgegart sind.

Inzwischen die breiten Bohnen in reichlich kochendem Salzwasser bissfest garen. Abgießen, kalt abschrecken, damit sie knackig bleiben, und abtropfen lassen.

Zum Zusammenstellen des Salats den Rucola und die Bohnen in eine Salatschüssel geben und die warmen Rote-Bete-Stücke darauf anrichten. Den Schafskäse darüber zerkrümeln und mit dem restlichen Olivenöl und dem Balsamico beträufeln. Die Kapern darüberstreuen und zulangen, bevor die Rote Bete den Salat in etwas verwandelt, das eher an den Tatort eines Gemetzels erinnert.

POCHIERTES HÄHNCHEN

MIT REIS & CHILISAUCE

Diätkost kann sterbenslangweilig sein, doch zwischen all den mageren Gerichten mit dem faden Beigeschmack des Verzichts, gibt es auch Hüftschonendes mit einer geballten Ladung Aroma.

FÜR 6 PERSONEN

Für das Hähnchen und den Reis

1 l Hühnerbrühe
7,5 cm ungeschälten Ingwer, in dicke Scheiben geschnitten
6 Frühlingszwiebeln inklusive der grünen Blätter, gehackt
Meersalz
6 Hähnchenbrustfilets ohne Haut
1 EL Sesamöl
8 dicke Knoblauchzehen, gehackt
250 g Langkornreis
Koriandergrün zum Garnieren (nach Belieben)

Für die Chilisauce

2 rote Chilischoten (Samen entfernt, wenn es nicht so scharf sein soll)
5 Knoblauchzehen
2 EL helle Sojasauce
1 TL feinster Zucker
Saft von 1 Limette

Pochiertes Hähnchen ist supergesund. In einem dampfenden Bad aus würziger Brühe gegart, schmeckt es so göttlich, dass man das kaum glauben mag! Dazu die feurige Chilisauce und der Knoblauchreis und Sie wähnen sich im Schlemmerparadies.

Mit der Chilisauce beginnen. Die Chilischoten und den Knoblauch im Mixer fein zerhacken und anschließend mit den restlichen Zutaten verrühren.

Die Hühnerbrühe zum Kochen bringen; den Ingwer und die Frühlingszwiebeln hineingeben und, falls nötig, salzen. Die Hitze reduzieren, bis die Brühe nur noch leicht siedet, und die Hähnchenbrüste einlegen. Zugedeckt 20–25 Minuten pochieren, bis das Fleisch zart und durchgegart ist.

Die Hähnchenbrüste herausheben und zudecken, damit sie warm bleiben; die Brühe durch ein Sieb gießen und heiß stellen. Jetzt ist der Reis dran. In einem Wok das Sesamöl erhitzen und den Knoblauch darin kurz anschwitzen, bis er aromatisch duftet. Den Reis zugeben und unter ständigem Rühren etwa 3 Minuten glasig schwitzen. 600 Milliliter der heißen Brühe zugießen und den Reis bei schwacher Hitze zugedeckt etwa 15 Minuten garen, bis er sämtliche Flüssigkeit absorbiert hat und weich ist.

Von der verbliebenen Brühe 200 Milliliter abnehmen und unter die Chilisauce rühren.

Den Reis und die in Scheiben geschnittene Geflügelbrust auf einer Platte anrichten, mit etwas Chilisauce überziehen und nach Belieben mit Koriandergrün bestreuen. Die restliche Sauce separat dazureichen.

FISCHSPIESSE HARYALI

Fades Essen nährt den Wunsch nach einem dicken Burger. Der Trick, sich trotzdem gesund zu ernähren? Verhelfen Sie dem Genussfaktor mit Kräutern und Gewürzen zu seinem Recht.

FÜR 4–6 PERSONEN

½ Bund frische Minze, Blättchen abgezupft
1 Bund Koriandergrün, Blättchen abgezupft
7,5 cm Ingwer, geschält und grob gehackt
4 Knoblauchzehen, grob gehackt
2 grüne Chilischoten (Samen nach Belieben entfernt), grob gehackt
200 g Joghurt
½ TL Kurkuma
Saft von 1 Limette
Meersalz
1 kg Seeteufel- oder anderes festes, weißes Fischfilet, in mundgerechte Würfel geschnitten

Für den Kohl

2 EL Olivenöl
1 TL Senfsamen
1 Prise Asant (siehe Seite 183)
3 grüne Chilischoten (Samen nach Belieben entfernt), aufgeschlitzt
1 Weißkohl, in schmale Streifen geschnitten
1 TL Zucker
1 Prise Kurkuma
Saft von 1 Zitrone
Meersalz

Bei diesem Rezept wird zartes Fischfilet, ich nehme gern Seeteufel, mit einer köstlichen grünen Kräuterpaste gesalbt (*haryali* bedeutet »grün«) und mit pfannengerührtem Kohl serviert, der jede Diät zu einem Zuckerschlecken macht.

Für die Marinade die Minze, das Koriandergrün, den Ingwer, den Knoblauch und den Chili mit einigen Esslöffeln Wasser im Mixer zu einer smaragdgrünen Paste zermahlen. Die Paste mit dem Joghurt verrühren und mit der Kurkuma, dem Limettensaft sowie Salz würzen. Den Fisch sorgfältig darin wenden und mindestens 2 Stunden oder über Nacht marinieren. Inzwischen einige Holzspieße wässern.

Sobald Sie startbereit sind, den Grill auf mittlerer Stufe vorheizen. Die Fischwürfel auf die eingeweichten Spieße stecken und 10–12 Minuten grillen; dabei regelmäßig mit der Marinade bestreichen und wenden, damit sie gleichmäßig garen.

Für den Kohl zuerst das Temperament der Gewürze zügeln. Das Olivenöl im Wok erhitzen und die Senfsamen hineinstreuen. Sobald sie geplatzt sind, den Asant und Chili zugeben und einige Sekunden unter Rühren rösten. Den Kohl hinzufügen und bei starker Hitze 3 Minuten pfannenrühren. Den Zucker, die Kurkuma und den Zitronensaft unterrühren, salzen und noch 1 Minute weitergaren. Mit den Fischspießen sofort servieren.

LAMMKEBABS MIT ZAZIKI

Ich bin keine Kalorien zählende Kostverächterin – ich bin für den gelegentlichen kulinarischen Kick.

FÜR 6 PERSONEN

600 g Lammhackfleisch
Abgeriebene Schale von 1 unbehandelten Zitrone
½ TL frisch geriebene Muskatnuss
1 TL scharfes Paprikapulver
1 Handvoll Minze, fein gehackt
2 Handvoll glatte Petersilie, fein gehackt
1 TL Kreuzkümmelsamen
1 TL Koriandersamen
¼ TL Gewürznelken
½ TL gemahlener Zimt
1 Zwiebel, grob gehackt
3 Knoblauchzehen, grob gehackt
Meersalz und frisch gemahlener schwarzer Pfeffer

Für den Zaziki

2 Salatgurken, von den Samen befreit und gehackt
400 g Joghurt
1 Knoblauchzehe, zerstoßen
Saft von ½ Zitrone
½ TL gerösteter, zerstoßener Kreuzkümmel
1 Handvoll Minze, gehackt

Kebabs versprechen ohne großen Firlefanz einfachen, sättigenden Genuss, also – Diät hin oder her – esse ich sie. Widerstehen Sie aber den mitternächtlichen Sirenen der Imbissbuden und machen Sie Ihre Kebabs selbst. Sie schmecken so viel frischer und leckerer und Ihre Taille schonen sie auch.

Den Grill auf mittlerer Stufe vorheizen und zwölf Holzspieße in Wasser einweichen.

Das Lammhack mit der Zitronenschale, der Muskatnuss, dem Paprikapulver, der Minze und der Petersilie in eine Schüssel geben. Die Kreuzkümmel- und Koriandersamen und die Gewürznelken in der Pfanne rösten, bis sie aromatisch duften und anschließend im Mörser grob zermahlen. Den Zimt zugeben und die Gewürze unter das Hackfleisch mengen. Die Zwiebel und den Knoblauch in der Küchenmaschine fein zermahlen, das Hackfleisch zugeben und mixen, bis Sie eine klebrige Masse haben. Mit Salz und Pfeffer würzen.

Die Hackmasse um die zwölf gewässerten Holzspieße schmiegen und die Kebabs 8–10 Minuten grillen, bis sie durchgegart sind; regelmäßig wenden.

Für den Zaziki sämtliche Zutaten in einer Schüssel vermengen und mit Salz und Pfeffer abschmecken. Mit den Kebabs servieren.

MIT MISO GLASIERTER THUNFISCH
MIT SHIITAKEPILZBRÜHE

Marinaden sind eine gute Methode, für Geschmack zu sorgen, ohne dass er als Kalorien zu Buche schlägt, und das Miso bringt den Stoffwechsel in Schwung.

Für die Marinade die Miso-Paste mit dem *mirin* und dem Reisessig verrühren. Den Ingwer und den Zucker zugeben und weiterrühren, bis sich der Zucker aufgelöst hat. Die Thunfischfilets mit der Mischung übergießen, sorgfältig darin wenden und zugedeckt etwa 1 Stunde marinieren.

Jetzt zu der Shiitakepilzbrühe. Die Miso-Paste in das Wasser einrühren, aufkochen und den Herd auf niedrige Stufe stellen. Die Nudeln, den Ingwer und die Pilze hineingeben und 4–5 Minuten köcheln lassen, bis die Nudeln auf den Punkt gar sind. Den Pak Choi, die Frühlingszwiebeln und die Sojasauce unterrühren, alles ganz kurz weitergaren und dann durch ein Sieb abgießen und mit dem Koriandergrün bestreuen. Die Brühe auffangen.

Eine Grill- oder Bratpfanne sehr heiß werden lassen. Den Thunfisch von überschüssiger Marinade befreien, in die Pfanne legen und von jeder Seite etwa 2 Minuten garen, sodass er außen gut gebräunt, innen aber noch roh ist.

Zum Servieren die Nudeln in eine große Schüssel häufen und mit der Shiitakepilzbrühe übergießen. Den Thunfisch darauf anrichten und mit Frühlingszwiebeln bestreuen.

FÜR 4 PERSONEN

4 Thunfischfilets von je 225 g
Gehackte Frühlingszwiebeln zum Garnieren

Für die Miso-Marinade

6 EL helle Miso-Paste
4 EL *mirin* (japanischer Reiswein)
2 EL Reisessig
1 EL frisch geriebener Ingwer
2 EL brauner Zucker

Für die Pilzbrühe

4 EL helle Miso-Paste
1,5 l heißes Wasser
100 g Soba-Nudeln (japanische Buchweizennudeln)
1 TL frisch geriebener Ingwer
1 Handvoll Shiitakepilze, klein geschnitten
1 Handvoll Pak Choi, zerpflückt
3 Frühlingszwiebeln, in feine Ringe geschnitten
2 EL helle Sojasauce
3 EL gehacktes Koriandergrün

INDISCHE FISCHKÜCHLEIN

Diese Fischküchlein sind weit entfernt von der üblichen geschmacklosen Magerkost.

ERGIBT 30 KLEINE FISCHKÜCHLEIN

5 dicke Knoblauchzehen, grob gehackt
2 rote Chilischoten (von den Samen befreit, wenn es nicht zu scharf sein soll), grob gehackt
7,5 cm Ingwer, geschält und grob gehackt
800 g Pollack- oder Kabeljaufilet, Haut und sämtliche Gräten entfernt
2 EL Fenchelsamen
1 EL geröstete Kreuzkümmelsamen
1 EL *Ajowan*-Samen (indischer Kümmel)
1 TL Meersalz
1 TL grob gemahlener schwarzer Pfeffer
Abgeriebene Schale und Saft von 1 Limette
100 g grüne Bohnen, bissfest gegart und in kleine Stücke geschnitten
1 große Handvoll Koriandergrün, gehackt
1 Ei
3 EL Kichererbsenmehl
Olivenöl zum Braten
Koriander-Chutney (indischer Feinkosthandel) zum Servieren

Zarter weißfleischiger Fisch und saftige grüne Bohnen, infiziert von den üblichen Verdächtigen aus dem indischen Gewürzbord, sind ein Genuss der Extraklasse.

Den Knoblauch, den Chili und den Ingwer im Mixer zu einer feinen Paste zermahlen. Das Fischfilet zugeben und fein zerhacken. Die Masse in einer Schüssel mit den Fenchel-, Kreuzkümmel- und *Ajowan*-Samen vermengen und mit Salz und Pfeffer würzen. Die Limettenschale, die grünen Bohnen und das Koriandergrün untermischen und den Limettensaft hineinpressen. Sämtliche Zutaten gründlich vermengen und zur Bindung das Ei und das Kichererbsenmehl unterziehen. Die Masse esslöffelweise abstechen und zu kleinen, flachen Küchlein formen.

In einer Bratpfanne etwas Olivenöl bei mittlerer Temperatur erhitzen und die Fischküchlein von jeder Seite 3 Minuten braten, bis sie goldbraun und durchgegart sind. Mit Koriander-Chutney servieren.

KURZ NOTIERT

Für eine Dosis gesunder Fettsäuren verwenden Sie halb Kabeljau-, halb Lachsfilet.

KAPITEL ZEHN

Food-Reha – Genuss auf Rezept

Der Geist ist willig –
aber da ist ja noch das Fleisch

Gute Vorsätze fürs neue Jahr

1999 – reicher werden, abnehmen.
2000 – spiritueller werden, abnehmen.
2005 – endlich den »Richtigen« finden, abnehmen.
2009 – weniger ...

... kommt Ihnen bekannt vor? Der Schritt auf die Waage nach den Feiertagen genügt, um selbst die Schlanksten der Schlanken zu deprimieren, doch bevor Sie auch nur daran denken, Ihre Stützwäsche von Spanx hervorzuholen und an einer weiteren faden Reiswaffel zu knabbern, checken Sie ein in meiner Food-Reha-Klinik. Hier hat das Wort »Entgiftung« Hausverbot und verzichten müssen Sie nur auf den Verzicht.

Rezepte sollte man befolgen, das wird Ihnen jeder Arzt bestätigen. Und diese sorgen für Energie, Wohlbefinden und glänzendes Haar! Herzhaftes Lammragout und Schweinebraten mit Granatapfelglasur – keine allzu bitteren Pillen, oder?

LAMMRAGOUT MIT RÜBEN, GERSTENGRAUPEN & KNOBLAUCHBROTKRUSTE

Es gibt nichts Besseres als ein energiegeladenes Ragout, um Müde und Lustlose wieder auf die Beine zu bringen.

FÜR 6 PERSONEN

1 EL Olivenöl
500 g ausgelöste Lammschulter, gewürfelt
2 EL Mehl
1 Stückchen Butter
3 Stangen Staudensellerie, in große Stücke geschnitten
1 Stange Lauch, geputzt und in dicke Scheiben geschnitten
300 g kleine weiße Rüben, geviertelt
½ TL Chiliflocken
2 Lorbeerblätter
2 Zweige Rosmarin
100 g Gerstengraupen
500 ml heißer Geflügel- oder Lammfond
Meersalz und frisch gemahlener schwarzer Pfeffer

Für die Kruste

1 mittelgroßes Baguette
3 Knoblauchzehen, gehackt
½ TL Meersalz
1 EL gehackte glatte Petersilie
25 g weiche Butter

Dieses Ragout strotzt vor Gerstengraupen, die reich an Ballaststoffen, Vitaminen und Mineralstoffen sind und kaum Fett enthalten. Und ist erst einmal alles im Topf, können Sie es getrost ein Stündchen sich selbst überlassen, um sich ein erholsames Nickerchen zu gönnen.

Das Olivenöl in einem Schmortopf erhitzen. Die Lammwürfel mit Mehl bestauben, überschüssiges Mehl abklopfen, und von allen Seiten in dem Öl braun anbraten. Mit einem Schaumlöffel herausheben und auf einen Teller legen.

In demselben Topf die Butter aufschäumen. Den Sellerie, den Lauch und die Rüben 10–15 Minuten darin sautieren, bis das Gemüse leicht gebräunt und karamellisiert ist. Das Fleisch wieder hineinlegen, die Chiliflocken, den Lorbeer und den Rosmarin zufügen und alles 1 weitere Minute anbraten. Die Graupen und den heißen Fond zugeben, kräftig würzen und zugedeckt bei schwacher Hitze 1 Stunde schmoren; bei Bedarf etwas Wasser zugießen.

Den Ofen auf 200 °C vorheizen. Das Baguette schräg in Scheiben schneiden. Den Knoblauch mit dem Salz und der Petersilie im Mörser zerstoßen und mit der weichen Butter vermengen. Die Brotscheiben von einer Seite mit der Knoblauchbutter bestreichen, auf das Ragout legen und im Ofen 20 Minuten überbacken, bis die Brote goldbraun und knusprig sind. Sehr heiß servieren.

KEDGEREE MIT BRAUNEM REIS & MUNGBOHNEN

Kedgeree ist der anglisierte Begriff für „khichdee", ein einfaches Gericht mit Linsen und Reis, das man in ganz Indien schon seit Jahrhunderten isst.

FÜR 6 PERSONEN

4 EL Pflanzenöl
1 Zwiebel, in Streifen geschnitten
1 TL Meersalz
7,5 cm Ingwer, geschält und fein gehackt
5 Knoblauchzehen, in feine Scheiben geschnitten
2 TL grob zerstoßene schwarze Pfefferkörner
300 g Mungbohnen (vom Inder)
1 l kaltes Wasser

Für den Reis

300 ml kochendes Wasser
150 g brauner Basmatireis

Zum Servieren

6 hart gekochte Eier, geviertelt
Joghurt
Scharfes Lime-Pickle (vom Inder)

Der in England übliche Räucherfisch tauchte erst nach der Kolonisierung Indiens darin auf (... oder ab?). Dies ist meine nicht-anglisierte Version mit braunem Reis und Mungbohnen, die perfekte Balance aus Kohlenhydraten und Eiweiß. Und mit dem erfrischenden, vitalisierenden Ingwer wird es vollends zum Antidepressivum auf dem Teller.

Das Pflanzenöl in einem Topf mit schwerem Boden erhitzen und die Zwiebel mit dem Salz (damit sie nicht ansetzt) darin anbraten, bis sie ganz weich ist und fast zerfällt. Den Ingwer, den Knoblauch und den Pfeffer zugeben und 2 Minuten bei mittlerer Hitze anbraten. Die Mungbohnen und das kalte Wasser hinzufügen, zum Kochen bringen und zugedeckt bei schwacher Hitze etwa 30 Minuten garen, bis die Bohnen weich sind. Zur Garprobe einen Bohnenkern zerdrücken; wenn es mühelos geht, kann der Reis hinein.

Das kochende Wasser zugießen, den Reis hineingeben und alles erneut etwa 20 Minuten zugedeckt garen, bis der Reis sämtliche Flüssigkeit absorbiert hat.

Den Reis mit den Bohnen auf Tellern anrichten, mit je einem hart gekochten Ei garnieren und mit Joghurt und Lime-Pickle servieren.

KNUSPRIG GEBRATENES LACHSFILET IN SOJA-INGWER-MARINADE

Lachs gilt als supergesund für Herz und Kreislauf, da er reich an wertvollen Omega-3-Fettsäuren ist.

Dieses Rezept ist jedoch noch auf andere Weise gut für Ihr Herz – es geht so schnell und einfach, dass anschließend noch genügend Zeit für die Visite im Fitnessstudio bleibt! Dazu esse ich gern gedämpftes grünes Gemüse und Reis oder Nudeln.

FÜR 4 PERSONEN

4 Lachsfilets mit Haut
Meersalz
Olivenöl zum Braten
Gedämpftes grünes Gemüse und Reis oder Nudeln zum Servieren

Für die Marinade

4 EL frisch gehackter Ingwer
3 EL flüssiger Honig
2 EL Olivenöl
1 rote Chilischote (von den Samen befreit, falls es weniger scharf sein soll), in feine Streifen geschnitten
Saft von 1 Limette
4 EL helle Sojasauce

Damit bei Fisch die Haut wunderbar knusprig wird, muss man nur ein paar Regeln beachten. Voraussetzung ist, dass er sorgfältig geschuppt wird. Hat das der Fischhändler nicht bereits erledigt, nicht ärgern, es geht ganz einfach. Den Fisch über die Spüle halten und die Schuppen mit einem Löffel gegen die Wuchsrichtung (zum Kopf hin) abschaben – kinderleicht.

Zweite Regel: Die Haut sollte trocken sein, also sorgfältig mit Küchenpapier abtupfen. Die Haut mit einer Schicht grobem Meersalz bedecken und 10 Minuten ruhen lassen. Das Salz entzieht der Haut weitere Feuchtigkeit. Gründlich abreiben und die Zutaten für die Marinade vorbereiten.

Sämtliche Zutaten für die Marinade in einer Schüssel verrühren und die Lachsfilets mit der Haut nach oben so hineinlegen, dass sie trocken bleibt. Zugedeckt mindestens 20 Minuten marinieren.

So viel Olivenöl in eine Pfanne gießen, dass der Boden bedeckt ist, und bei mittlerer Temperatur erhitzen. Den Fisch mit der Haut nach unten einlegen und leicht andrücken, so wird sie knuspriger. Nach 3 Minuten wenden und von der anderen Seite braten – das dauert je nach Dicke der Filets 3–4 Minuten; der Fisch ist gar, wenn das Fleisch in der Mitte nicht mehr glasig ist. Mit grünem Gemüse und Reis oder Nudeln servieren.

GEBRANNTE MANDELN MIT ROSMARIN-CHILISALZ

Heute unbedingt erledigen: Telefonrechnung bezahlen. Auto versichern. Beine und Bikinizone enthaaren. Schlussredaktion ... Puh!

FÜR 6–8 PERSONEN

1 EL Meersalz
1 ½ EL gehackter Rosmarin
½ TL Chiliflocken
20 g Butter
300 g Mandeln

Wenn Sie eine fleißige Biene sind, sollte Ihr Akku immer gut geladen sein, eine Batterie Red-Bull-Dosen packt das einfach nicht. Meine Mutter schwört, dass täglich zwölf Mandeln den Energiehaushalt ordentlich ankurbeln. Nun gut – sie wird es wissen!

Den Ofen auf 190 °C vorheizen. Das Salz, den Rosmarin und die Chiliflocken im Mörser grob zerstoßen.

Die Butter auf einem Backblech oder in einer Bratenpfanne zerlassen und die Mandeln darin wenden, bis sie rundherum gut bedeckt sind. Mit dem Rosmarin-Chilisalz bestreuen, erneut mischen und 15–20 Minuten im Ofen rösten. Luftdicht verschlossen halten sich die Mandeln 7–10 Tage.

GEGRILLTE MAKRELE MIT ZITRONE & THYMIAN

UND KARTOFFEL-BOHNEN-SALAT MIT SENFDRESSING

Sie hätten gern glänzendes Haar und babyzarte Haut? Tja, wer nicht?

FÜR 4 PERSONEN

4 Makrelen von je 400–500 g, ausgenommen
1 unbehandelte Zitrone, in dünne Scheiben geschnitten
6 Zweige Thymian
2 EL Olivenöl
Meersalz und frisch gemahlener schwarzer Pfeffer

Für den Kartoffel-Bohnen-Salat

500 g neue Kartoffeln, abgebürstet
300 g grüne Bohnen
1 großzügige Handvoll glatte Petersilie, gehackt

Für das Senfdressing

6 EL Olivenöl
2 EL körniger Senf
1 EL Weißweinessig
1 TL feinster Zucker

Bevor Sie aber eine weitere Hypothek aufnehmen, um sie für die allerneueste, ach so tolle Hautpflegeserie zu verschwenden, probieren Sie es mit Makrele. Jetzt mal ganz wissenschaftlich: Wie Lachs strotzt Makrele geradezu vor Omega-3-Fettsäuren, die Herzerkrankungen vorbeugen, knarrende Gelenke kurieren und Depressionen vertreiben können. Doch vor allem sorgen sie für strahlende Löckchen und makellose Haut. Noch eine Portion? Dachte ich mir.

Zuerst den Salat zubereiten. Die Kartoffeln in kochendem Wasser garen, bis sie eben weich sind. Inzwischen die Bohnen in Wasser bissfest kochen und kalt abschrecken, damit sie knackig bleiben; sorgfältig abtropfen lassen. Für das Dressing das Olivenöl, den Senf, den Essig und den Zucker verrühren und mit Salz und Pfeffer abschmecken. Die Bohnen unter die abgetropften Kartoffeln mengen und, solange die Kartoffeln noch warm sind, mit dem Dressing übergießen – im warmen Zustand nehmen sie es besser auf. Die Petersilie darüberstreuen und unterheben.

Den Grill auf mittlerer Stufe vorheizen. Die Makrelen von einer Seite mehrfach schräg einschneiden, jedoch nicht die Mittelgräte durchtrennen. Von innen und außen würzen, die Zitronenscheiben in die Bauchhöhle und die in Stücke geschnittenen Thymianzweige in die Einschnitte stecken. Die Fische mit etwas Olivenöl beträufeln und von jeder Seite 5 Minuten grillen, bis sie goldbraun und gar sind.

Schleunigst mit einer großen Portion Kartoffel-Bohnen-Salat genießen.

ORECCHIETTE MIT GRÜNKOHL-BASILIKUM-PESTO

Alle rühmen Grünkohl. Es scheint, er ist der bessere Spinat.

Grünkohl enthält mehr Kalzium als Joghurt oder Spinat und mehr Vitamin A als Brokkoli. Und bereits 100 Gramm des gesunden Gemüses decken mehr als die Hälfte der empfohlenen Tagesmenge an Vitamin C. Wie hier unter ein cremiges Pesto gerührt, verliert der Kohl sein leicht schwefeliges Aroma und wird süßlich und zart. Ein weiterer Grund, grün zu wählen.

FÜR 4 PERSONEN

400 g Orecchiette oder Penne
1 EL Olivenöl
2 Knoblauchzehen, zerstoßen
Abgeriebene Schale von 1 unbehandelten Zitrone
100 g Grünkohl, grob gehackt
60 g geröstete Pinienkerne
3 EL Sahne
Saft von 1/2 Zitrone
1/2 TL geriebene Muskatnuss
1 großzügige Handvoll Basilikumblätter
4 EL natives Olivenöl extra
50 g Parmesan, frisch gerieben
Meersalz und frisch gemahlener schwarzer Pfeffer

Die Pasta in Salzwasser al dente kochen. Abtropfen lassen.

Das Olivenöl in einem Topf erhitzen. Den Knoblauch und die Zitronenschale 1 Minute darin anschwitzen, den Kohl zugeben und in sich zusammenfallen lassen – das dauert 2–3 Minuten.

Als nächstes die Pinienkerne im Mixer zu einer Paste zermahlen. Die Sahne, den Zitronensaft und die Muskatnuss zugeben und erneut mixen. Das Basilikum und den Kohl hinzufügen und ebenfalls pürieren. Zuletzt das Olivenöl zugießen und unterarbeiten, bis ein dickes, glattes Pesto entstanden ist. In eine Schüssel gießen, mit Salz und Pfeffer abschmecken und den Parmesan unterrühren. Die Sauce über die Pasta gießen und gut untermischen, bis die Nudeln gleichmäßig mit Pesto überzogen sind.

GEMÜSESALAT MIT GRÜNTEENUDELN

Diese Sprossen und Körner knabbernden Yogagrazien altern fürchterlich schnell.

FÜR 6 PERSONEN

200 g Grünteenudeln (siehe Kurz notiert)
100 g grüne Bohnen, kurz blanchiert
100 g junge Brokkoliröschen
1 großzügige Handvoll Mungbohnensprossen
2 kleine Karotten, in streichholzgroße Streifen geschnitten
Je 1 rote und gelbe Paprikaschote, von den Samen befreit und in dünne Streifen geschnitten
100 g grüner Spargel, geputzt
Olivenöl zum Bestreichen
3 EL gemischte Samen wie Sonnenblumen-, Kürbiskern-, Sesam-, Lein- und Hanfsamen, zum Servieren

Für das Dressing

1 Knoblauchzehe, zerstoßen
1 cm Ingwer, geschält und gerieben
1 Schalotte, fein gehackt
4 EL Olivenöl
1 EL Honig
3 EL helle Sojasauce
1 TL Sesamöl
1 EL Reisessig
Saft von ½ Limette

Dagegen ist dieser leckere Salat der reinste Jungbrunnen. Er schäumt geradezu über vor Vitaminen und Antioxidantien, bekannt für ihren Anti-Aging-Effekt. Und seine Zubereitung ist nicht halb so anstrengend wie die Hundestellung mit Kopf nach unten. Knitterfreie Haut auf dem Teller – Faltenspritzen überflüssig.

Die Nudeln in einem großen Topf mit kochendem Wasser nach Packungsanleitung garen. Abgießen, kalt abschrecken und gründlich abtropfen lassen.

Die grünen Bohnen und den Brokkoli 3–4 Minuten dämpfen und dann in einer großen Salatschüssel mit den Bohnensprossen, den Karotten und den Paprikastreifen vermengen. Die abgetropften Nudeln zugeben.

Eine Grillpfanne erhitzen. Den Spargel mit Olivenöl bestreichen und grillen, bis er »getigert« und zart ist. Unter den Salat heben.

Sämtliche Zutaten für das Dressing verrühren, über den Salat gießen und untermischen. Mit den Samen bestreuen und servieren.

KURZ NOTIERT

Grünteenudeln, mit Grüntee aromatisierte Soba-Nudeln, können Sie über das Internet beziehen oder im asiatischen Lebensmittelhandel kaufen. Falls Sie dennoch keine bekommen, nehmen Sie einfach gewöhnliche Soba-Nudeln und geben zwei Beutel Grüntee mit ins Kochwasser.

KERNIGER KÜRBISSALAT MIT SCHAFSKÄSE

Wenn Sie auf Ihre Linie achten, wird es Sie freuen zu hören, dass dieser süßliche orangefleischige Kürbis so wenige Kalorien hat, dass sich das Zählen kaum lohnt.

Hinzu kommt sein Gehalt an Vitamin C und E und an Beta-Carotin, das die Immunabwehr und die Sehkraft stärkt und den Cholesterinspiegel senken soll. Noch Fragen?

Den Ofen auf 200 °C vorheizen. Die Kürbiswürfel mit den Fenchelsamen und den Chiliflocken bestreuen, mit dem Olivenöl beträufeln und gut wenden, sodass sie rundherum damit überzogen sind. Im Ofen 30 Minuten backen, bis das Gemüse weich ist.

Inzwischen sämtliche Samen in einer Pfanne ohne Fett goldgelb rösten; beiseitestellen.

Auf einer Platte ein Bett aus Salatblättern ausbreiten und den Kürbis darauf anrichten – aber keinen Tropfen des würzigen Öls vergeuden. Den zerbröckelten Schafskäse und die gerösteten Samen darüberstreuen und mit bestem Olivenöl und einem großzügigen Schuss Balsamicoessig beträufeln.

KURZ NOTIERT

Die Kürbisschale wird während des Garens weich und zart; also keine Notwendigkeit, den Kürbis zu schälen. Lediglich die Kerne sollten herausgeschabt werden.

Verwerten Sie die Kürbiskerne, sie enthalten viele Mineralien und essenzielle Fettsäuren. Einfach in der Pfanne in etwas Olivenöl behutsam rösten, mit einer winzigen Prise Salz bestreuen und Sie haben einen gesunden schmackhaften Snack.

FÜR 6 PERSONEN

1 mittelgroßer Butternuss-Kürbis, in große Würfel geschnitten
1 TL Fenchelsamen
1/2 TL Chiliflocken
2 EL Olivenöl
1 EL Sonnenblumenkerne
1 EL Kürbiskerne
1 EL Pinienkerne
200 g gemischte Blattsalate, z. B. junger Spinat, Rucola und Brunnenkresse
150 g Schafskäse, zerbröckelt

Für das Dressing

Natives Olivenöl extra
Alter Balsamicoessig

BRUSCHETTA MIT SOJABOHNEN, TOMATEN & PECORINO

Grüne Bohnen, dicke Bohnen, breite Bohnen ... sie alle lohnen.

FÜR 6 PERSONEN

300 g tiefgekühlte Sojabohnen
300 g Kirschtomaten, halbiert
1 Handvoll Minzeblätter, fein gehackt
1 Handvoll glatte Petersilie, fein gehackt
Saft von 1 Zitrone
2 Knoblauchzehen, fein gehackt
Meersalz und frisch gemahlener schwarzer Pfeffer
1 Ciabatta vom Vortag
Olivenöl zum Beträufeln
150 g Pecorino, gehobelt
3 EL natives Olivenöl extra

Mein neuester Schwarm unter den Hülsenfrüchten sind Sojabohnen. Wie Erbsen werden sie meist tiefgefroren angeboten, was ihrem Genuss keinen Abbruch tut. Eiweißreich wie Fleisch und Eier und mit einer deftigen Dosis Vitamin C ausgestattet, haben sie das Zeug zum Superfood. Wie hier auf Bruschetta serviert, schmecken sie süß, saftig und zart, und kombiniert mit Pecorino sind sie schlicht umwerfend.

Die aufgetauten Sojabohnen 2 Minuten in kochendem Wasser blanchieren, kalt abschrecken und sorgfältig abtropfen lassen. Die Bohnen ganz leicht zerdrücken und mit den Kirschtomaten, den Kräutern, dem Zitronensaft und dem Knoblauch vermengen. Mit Salz und Pfeffer würzen und noch einmal gründlich mischen.

Eine Grillpfanne sehr heiß werden lassen. Das Ciabatta in dicke Scheiben schneiden, jede Scheibe von beiden Seiten mit Olivenöl beträufeln und goldbraun und knusprig grillen. Auf einer Platte arrangieren, den Bohnensalat darauf verteilen und mit den Pecorino-Hobeln garnieren. Noch einige Tropfen bestes Olivenöl darüber und servieren.

SCHWEINEBRATEN MIT GRANATAPFELGLASUR

Granatäpfel sind die Kronjuwelen in der bunten Schatzkiste gesunder Ernährung.

FÜR 6 PERSONEN

Olivenöl zum Einfetten und Beträufeln
1 ausgelöster Schweinebraten mit Schwarte von etwa 1 kg
4 Knoblauchzehen, fein gehackt
1 lange rote Chilischote (Samen nach Belieben entfernt), fein gehackt
Meersalz und frisch gemahlener schwarzer Pfeffer

Für die Glasur
5 EL Granatapfelsirup
1 EL gemahlener Zimt
1 EL gemahlener Koriander
1 EL Honig
1 EL schwarzer Pfeffer
1 EL Paprikapulver

Sie strotzen vor Eisen und enthalten mehr Antioxidantien als grüner Tee – und dazu schmecken sie noch gut. Im Nahen Osten weiß man das schon lange, doch im Westen spricht es sich erst langsam herum. Kaufen Sie im arabischen Lebensmittelhandel oder im Biomarkt eine Flasche Granatapfelsirup, auch Granatapfelmelasse genannt. Der dicke, süßsaure Sirup wird aus dem Saft der Früchte mit Zucker und Zitrone eingekocht und eignet sich wunderbar als Glasur, wie hier, oder für ein Dressing.

Den Ofen auf höchster Stufe vorheizen – etwa 240 °C. Eine Bratenpfanne leicht einölen. Die Schwarte des Bratens mit einem scharfen Messer kreuzweise einschneiden. Den Braten umdrehen und das Fleisch mit dem Knoblauch, dem Chili und Olivenöl einreiben, nicht jedoch die Schwarte. Erneut umdrehen und die Schwarte mit Küchenpapier abtrocknen, kräftig salzen und pfeffern und mit Olivenöl beträufeln. In die Pfanne legen, Schwarte nach oben, und 15–20 Minuten braten, bis sich die Schwarte golden gefärbt hat. Die infernalische Hitze zu Beginn lässt sie später unwiderstehlich knusprig werden.

Inzwischen sämtliche Zutaten für die Glasur verrühren und beiseitestellen.

Sobald die Schwarte Farbe genommen hat, den Braten aus dem Ofen nehmen und die Temperatur auf 180 °C reduzieren. Das Fleisch von oben und von den Seiten großzügig mit einem Drittel der Glasur bestreichen, weitere 20 Minuten braten und erneut bestreichen. Diesen Vorgang insgesamt dreimal wiederholen. Die Garzeit beträgt etwa 25 Minuten pro 450 Gramm Fleisch; ein Braten von einem Kilogramm benötigt also ungefähr 1 Stunde.

Den Braten 15 Minuten ruhen lassen, tranchieren und vor dem Servieren mit etwas Bratensaft überziehen.

HAFERRIEGEL

MIT NÜSSEN & WOLFSBEEREN

Probieren Sie, aber nicht wundern, wenn Sie der Hafer sticht.

Ich falle auf jedes vermeintliche Wundermittel herein und als ich von den Cellulitis tilgenden, aphrodisischen, glücklich machenden, alterungshemmenden Zauberkräften dieser kleinen schrumpeligen knallroten Beeren erfuhr, musste ich einfach einen Kuchen daraus backen.

ERGIBT 10 STÜCK

- 125 g Butter
- 50 g heller feiner Rohrohrzucker
- 4 EL heller Zuckerrübensirup
- 45 g Goji-Beeren (chinesische Wolfsbeeren; im Asia-Shop oder über das Internet)
- 45 g geröstete Mandelblättchen
- 45 g geröstete Haselnusskerne, halbiert
- 250 g kernige Haferflocken

Den Ofen auf 180 °C vorheizen. Ein kleines Backblech mit Backpapier auslegen.

Die Butter, den Zucker und den Zuckerrübensirup in einem großen Topf vermengen und bei schwacher Hitze unter Rühren erwärmen, bis sich der Zucker aufgelöst hat. Die Beeren, die Mandeln, die Haselnüsse und die Haferflocken einrühren und die Masse auf das Blech gießen. Gleichmäßig verstreichen und andrücken, um die Oberfläche zu glätten.

Im Ofen 25 Minuten backen und abkühlen lassen. In dicke Streifen oder Stücke schneiden und servieren.

KAPITEL ELF

Vernasch mich

Wenn Lust und Liebe zu Tisch bitten

Gutes Essen ist so etwas wie eine geglückte Paarung – *fish and chips*, Eier und Speck, Erdbeeren mit Sahne – doch nichts verbindet sich schöner als ein heißes Mahl und prickelnde Erotik ... mmmmh.

Es mag an meiner Fantasie liegen, liebe Leserin – und die geht ganz gern mal mit mir durch –, aber einen Liebhaber macht nichts so gefügig und zahm, wie ihn zu verköstigen. Schlafzimmerblick, ein verträumtes Dessert und alles ist verhandelbar. Anders ausgedrückt, machen Sie den appetitlichen Happen auf seinem Teller zum erotisierenden Köder – Sie werden staunen, was Ihnen eine makellose Jakobsmuschel alles einträgt!

Vergessen Sie also das neueste In-Lokal und machen Sie das Rendezvous zum Heimspiel. Ziehen Sie Ihre schönsten Dessous an, holen Sie die Schürze heraus und freuen Sie sich auf einen rauschenden Abend zu zweit – so haben Sie es zumindest nicht mehr weit, wenn das Feuer schließlich auch außerhalb der Küche brennt.

JAKOBSMUSCHELN IN CHAMPAGNERLAUNE

Diese samtene, sexy Champagnersauce ist für eine wohlgeratene Jakobsmuschel wie Zuckerguss auf einem Kuchen.

FÜR 2 PERSONEN

8 fleischige Jakobsmuscheln, geputzt und gewaschen
Meersalz und frisch gemahlener schwarzer Pfeffer
Zitronenspalten zum Servieren

Für die Champagnersauce

2 EL fein gehackte Schalotten oder rote Zwiebel
1 EL Olivenöl
100 ml Champagner oder guter Sekt
½ TL schwarze Pfefferkörner
1 Lorbeerblatt
85 g kalte Butter, gewürfelt, plus Butter zum Braten
1 gehäufter EL gehackte glatte Petersilie

Haben Sie dem Schampus erst den Korken entlockt und ein Schlückchen für die Sauce erübrigt, bleibt nichts, als den Rest in vollen Zügen zu genießen – wäre ja auch ein Jammer! Wohl bekommt's!

Zuerst die Jakobsmuscheln von beiden Seiten kräftig mit Salz und Pfeffer würzen.

Für die Champagnersauce die Schalotten oder Zwiebel in dem Olivenöl anschwitzen und mit dem Champagner oder Sekt ablöschen. Die Pfefferkörner und das Lorbeerblatt in das kostbare Nass geben und die Flüssigkeit bei starker Hitze auf die Hälfte einkochen. Die Reduktion durch ein Sieb in eine hitzebeständige Schüssel passieren. Die Schüssel auf einen Topf mit kochendem Wasser setzen und nach und nach die Butter unterschlagen, bis eine wunderbar samtene Sauce entstanden ist. Die Petersilie unterrühren und die Sauce warm stellen, während Sie die Jakobsmuscheln zubereiten.

In einer großen Pfanne ein Stückchen Butter aufschäumen, die Jakobsmuscheln nicht zu dicht gedrängt einlegen – beim Kontakt mit dem heißen Fett sollte es zischen – und von jeder Seite 2 Minuten braten, bis sie goldbraun und leicht knusprig sind. Anrichten, mit etwas Sauce überziehen und mit Zitronenspalten sofort servieren.

GEBACKENER ZIEGENKÄSE IN TOMATENSAUCE

Von kitschigen Kosenamen bis zum peinlichen Partnerlook, manche Romanze ist sich für keinen Käse zu schade.

Hier ist ein weiterer Käse, nur dass er wahrscheinlich niemandem den Magen umdreht.

Durch das Schmoren im Ofen holt man aus den Tomaten das Maximum an Geschmack – so wird die Sauce selbst mit nicht ganz so tollen Tomaten richtig würzig. Besonders gefällt mir die goldgelbe Kruste des Käses, der darunter mit der Sauce verschmilzt. Dazu passt knuspriges Brot – Begierde auf dem Teller.

Den Ofen auf 190 °C vorheizen. Die Tomaten in eine Bratenpfanne legen und den Knoblauch, den Essig, den Honig, den Chili, das Olivenöl und den Thymian darüber verteilen. Salzen und pfeffern und 35 Minuten im Ofen schmoren, bis die Tomaten schrumpelig und weich sind. Mit der Tomatenpaste in den Mixer geben und zu einer dicken Sauce pürieren.

Die Tomatensauce in zwei Auflaufförmchen mit 250 Milliliter Fassungsvermögen füllen und je eine Scheibe Ziegenkäse mit einem Basilikumblatt darauf einlegen. Mit Olivenöl beträufeln und im Backofen 15 Minuten überbacken, bis der Käse zerlaufen und leicht gebräunt ist. Mit knusprigem Brot zum Einstippen servieren.

FÜR 2 PERSONEN

300 g reife Tomaten, geviertelt
3 Knoblauchzehen, in Scheiben geschnitten
1 EL Balsamicoessig
2 EL Honig
1 TL getrocknete Chiliflocken
2 EL Olivenöl
6 Zweige Thymian, Blättchen abgezupft
Meersalz und frisch gemahlener schwarzer Pfeffer
1 EL Paste aus getrockneten Tomaten
100 g Ziegenfrischkäse, in 2 Scheiben geschnitten
2 Basilikumblätter
Natives Olivenöl extra zum Beträufeln

GEGRILLTE AUSTERN MIT KNOBLAUCH-PETERSILIEN-BUTTER

Für viele Köche ist es ein Sakrileg, Austern zu garen, aber ich versichere Ihnen, sie schmecken vorzüglich und Wirkung zeigen sie auch – zwinker, zwinker!

Austern zu essen war für mich immer so eine Art werbendes Vorspiel – bis ich mal eine nicht mehr ganz so frische erwischte. Es war an einem heißen Abend bei einem noch heißeren Date. Ich schlürfte genüsslich den sechsten erotisierenden Mollusken, als ich mich plötzlich ganz merkwürdig fühlte! Das Date fand ein abruptes Ende und überflüssig zu sagen, dass ich nie wieder von ihm hörte.

Seither kriege ich diese aphrodisische Delikatesse nur noch gegart hinunter.

FÜR 2 PERSONEN

6 Austern in der Schale
1 EL gehackte glatte Petersilie
2 Knoblauchzehen, fein gehackt
30 g weiche Butter
Meersalz und frisch gemahlener schwarzer Pfeffer
2 EL geröstete braune Semmelbrösel
Steinsalz

Die Austern dämpfen, bis sie sich geöffnet haben – das dauert etwa 2 Minuten. Inzwischen die Knoblauchbutter zubereiten. Die Petersilie, den Knoblauch und die Butter gründlich vermengen, kräftig würzen und die Semmelbrösel unterziehen. Den Backofengrill auf mittlerer Stufe vorheizen.

Eine Bratenpfanne mit Steinsalz ausstreuen – das sieht ansprechend aus und dient dazu, die Austern zu stabilisieren. Die Austern öffnen und das Fleisch aus der Schale lösen, den Saft auffangen. Das Fleisch mit dem Saft in die tieferen Unterschalen geben und mit Knoblauchbutter bedecken. In das Salzbett setzen und etwa 2 Minuten grillen, bis die Austern goldbraun sind und der Saft siedet. Und dann hinunter damit.

KURZ NOTIERT

Felsenaustern sind für dieses Rezept am besten geeignet, da sie preiswerter und tiefschaliger sind als Rundaustern. Die flacheren Rundaustern sind relativ teuer und schmecken am besten roh.

GEGRILLTE SPARGELKÜSSE MIT PARMASCHINKEN UND BALSAMICO

Ich nenne diese Spargelröllchen Küsse, weil sie mit dem Schinken umwickelt wie das „X" am Ende eines Liebesbriefs aussehen.

FÜR 2 PERSONEN

½ TL feinster Zucker
1 EL Balsamicoessig
2 EL Olivenöl
Getrocknete Chiliflocken (nach Belieben)
12 dünne grüne Spargelstangen, holzige Enden abgebrochen
6 Scheiben Parmaschinken

Umschlingen Sie den Spargel so fest mit dem seidigen Schinken wie ein stürmischer Liebhaber seine Geliebte und grillen Sie ihn in der Pfanne, bis er knusprig und gebräunt ist. Mit den Fingern gegessen, schmeckt er noch besser

In einer flachen Schale den Zucker, den Essig und das Olivenöl zu einer glänzenden Emulsion verrühren. Wer es scharf mag, kann das Feuer mit ein paar Chiliflocken schüren. Jeweils zwei Spargelstangen zu einem »X« über Kreuz legen und in der Mitte mit einer Scheibe Parmaschinken so umwickeln, dass die Stangen fest zusammenhalten. Auf diese Weise die Spargelstangen zu insgesamt sechs »Küssen« schnüren.

Eine Pfanne mittelstark erhitzen. Die Spargelkreuze rundherum sorgfältig in der Essig-Öl-Mischung wenden und von jeder Seite 2 Minuten braten, bis der Schinken leicht knusprig geworden und der Spargel weich ist, aber noch Biss hat. Die Pfanne nicht zu voll füllen, sonst weicht der Spargel auf und dann war's das mit dem Küssen. Ruck zuck servieren.

KURZ NOTIERT

Sehr dicke Spargelstangen sollten vor dem Schnüren und Grillen 2 Minuten in kochendem Wasser blanchiert werden.

LIEBESAPFEL-SCHAFSKÄSE-TARTES

Mich wundert es nicht, dass unsere Vorfahren die Tomate Liebesapfel nannten.

Wenn Sie im Sommer schon mal in eine vollreife Tomate gebissen haben, dass Ihnen der Saft über das Kinn läuft, werden Sie verstehen, was ich mit der Erotik des Essens meine. Der salzige Schafskäse harmoniert prima mit den süßlichen Tomaten und der herzförmige Teig ist ein kleiner Extrawink mit dem Zaunpfahl an Ihr Herzblatt.

FÜR 2 PERSONEN

Mehl zum Bestauben
200 g Blätterteig (Fertigprodukt)
100 g Schafskäse (Feta)
12 Kirschtomaten, halbiert
4 Zweige Thymian, Blättchen abgezupft
Natives Olivenöl extra zum Beträufeln
Meersalz und frisch gemahlener schwarzer Pfeffer
1 Ei, verquirlt
1 EL zerpflücktes Basilikum
Alter Balsamicoessig zum Beträufeln

Den Ofen auf 220 °C vorheizen. Den Blätterteig auf der bemehlten Arbeitsfläche fünf Millimeter dünn ausrollen und mit einem herzförmigen Ausstecher von zwölf Zentimeter Durchmesser zwei Böden ausstechen. Falls Sie keinen haben, fertigen Sie aus Papier eine Schablone an und schneiden den Teig mit dem Messer aus.

Die Teigherzen einen Zentimeter vom Rand entfernt rundherum einritzen – damit der Rand beim Backen eine leicht erhöhte knusprige Kruste bildet. Den Teig mit einer Gabel außer am Rand mehrmals einstechen. Die Böden mit der Hälfte des zerkrümelten Fetas bestreuen und mit den Tomaten belegen, den Rand aussparen. Den restlichen Schafskäse und den Thymian darüber verteilen und mit Olivenöl beträufeln. Salzen und pfeffern.

Die Ränder mit dem verquirlten Ei bestreichen, damit sie eine goldgelbe Farbe annehmen, und die Herzen 20 Minuten im Ofen backen, bis der Teig aufgegangen und knusprig ist.

Mit Basilikum bestreuen, mit Olivenöl und altem Balsamico beträufeln und servieren.

KURZ NOTIERT

Wenn Sie sich die Mühe mit den herzförmigen Böden sparen möchten, schneiden Sie den Teig einfach in zwei Rechtecke.

Einige gehackte Kalamata-Oliven als Zugabe für den Belag machen sich ebenfalls gut.

LAMMKARREE MIT RAS EL-HANOUT &

SAFRANREIS MIT KARTOFFELKRUSTE

Diese sexy Lammkarrees verkörpern die ganze verführerische Exotik aus Tausendundeiner Nacht.

FÜR 2 PERSONEN

2 dicke Knoblauchzehen, zerstoßen
1 TL Meersalz
Abgeriebene Schale und Saft von 1 unbehandelten Zitrone
5 EL Olivenöl
3 EL Ras el-Hanout (siehe Seite 242) oder ein Fertigprodukt
2 parierte Lammkarrees (Kotelettstück)
Minzeblätter zum Servieren

Für den Safranreis mit Kartoffelkruste

6 kleine neue Kartoffeln, abgebürstet
125 g Basmatireis
1 große Prise Safranfäden, in 1 EL warmem Wasser eingeweicht
1 Stückchen Butter
Olivenöl zum Einfetten
Meersalz

Ras el hanout **bedeutet in Marokko wörtlich »Kopf des Ladens« und bezeichnet eine Mischung der besten Gewürze des Hauses. Sie selbst zu zerstoßen, hat etwas Sinnliches, Stimulierendes – irgendwie verströmen der Duft und der kleine körperliche Einsatz einen Hauch von Erotik. Mit dem berauschenden Aroma aphrodisischer Rosenblätter und der wärmenden Würze des Zimts ist dieses Lamm eine sichere Methode, das Blut in Wallung zu bringen …**

Den Knoblauch, das Salz, die Schale und den Saft der Zitrone und das Olivenöl mit dem Ras el-Hanout zu einer Paste verrühren. Die Fettauflage der Lammkarrees leicht einschneiden, gründlich mit der Paste einreiben und mindestens 2 Stunden marinieren, besser noch über Nacht, damit die Gewürze Zeit haben, tief in das Fleisch einzudringen.

1 Stunde bevor Sie das Fleisch garen, den Reis zubereiten. Den Ofen auf 220 °C vorheizen. Die Kartoffeln in kochendem Wasser halb garen, abgießen und in Scheiben schneiden. Den Reis in reichlich Salzwasser 6–8 Minuten kochen, bis er halb gar ist. Abtropfen lassen, auf einer Platte ausbreiten und die Hälfte des eingeweichten Safrans darüber verteilen. In einem Topf die Butter bei schwacher Hitze zerlassen und den restlichen Safran einrühren. Die Kartoffeln in der Safranbutter wenden, bis sie rundherum goldgelb sind.

Zwei Auflaufförmchen mit etwas Olivenöl einfetten und den Boden mit den Safrankartoffeln auslegen. Den Reis einfüllen und fest andrücken. Mit der im Topf verbliebenen Safranbutter übergießen, mit Alufolie bedecken und im unteren Teil des Ofens 25 Minuten backen.

Für das Lamm eine Pfanne sehr heiß werden lassen und die Karrees von allen Seiten 2 Minuten braun anbraten – je mehr Farbe das Fleisch nimmt, desto mehr Röststoffe bilden sich und umso kräftiger ist der Geschmack. Die Karrees in eine Bratenpfanne umsetzen und im Ofen 10 Minuten für blutig und 15–20 Minuten für medium bis durch braten. Das Fleisch zudecken und vor dem Anschneiden 10 Minuten ruhen lassen.

Den Reis mit Kartoffelkruste auf zwei Teller stürzen, die tranchierten Karrees daneben anrichten und mit Minze garniert servieren.

RAS EL-HANOUT

Samen von 3 grünen Kardamomkapseln
½ TL Gewürznelken
1 TL Koriandersamen
1 TL Kreuzkümmelsamen
1 TL Fenchelsamen
1 Sternanis
1 kleine Lamelle Muskatblüte
½ TL edelsüßes Paprikapulver
½ TL Kurkuma
1 TL gemahlener Zimt
1 kräftige Prise Safranfäden
1 EL getrocknete Damaszener-Rosenblätter
1 kräftige Prise frisch geriebene Muskatnuss

Eine Pfanne sehr heiß werden lassen. Die ganzen Samen und Gewürze hineingeben und unter Rühren rösten, bis sie einen berauschenden Duft verströmen und aufzuplatzen beginnen. Zügig arbeiten, damit sie nicht verbrennen. Die Mischung in einen Mörser geben, die gemahlenen Gewürze und die restlichen Zutaten hinzufügen und alles zermahlen.

PROSECCO-RISOTTO MIT SPARGEL

Ich esse Risotto gern als Beilage zu gebratenen Jakobsmuscheln oder zu Fisch, doch dieser beeindruckt so sehr, dass er auch ohne Spargel als eigenständiges Gericht überzeugt.

Wenn Sie die Spendierhosen anhaben oder zufällig noch ein Rest herumsteht, können Sie Champagner nehmen, doch ein guter Prosecco erledigt den Job genauso gut. Keine Frage, der Risotto ist eine einfache, wohltuende Mahlzeit, doch umgibt ihn auch der unterschwellige Kitzel der Versuchung. Wenn erst die Butter zerfließt und den Risotto in ein einladendes Bad cremiger Köstlichkeit verwandelt, schmilzt auch er dahin. Servieren und verführen.

FÜR 2 PERSONEN

- 500 ml Hühner- oder Gemüsebrühe
- 100 g grüner Spargel, geputzt
- 2 EL Olivenöl
- 25 g Butter, plus 50 g kalte Butter zum Fertigstellen
- 1 kleine Zwiebel, fein gewürfelt
- Abgeriebene Schale von 1/2 unbehandelten Zitrone
- 200 g Risottoreis (beispielsweise Arborio)
- 150 ml Prosecco
- 30 g Parmesan, frisch gerieben
- 3 EL gehackte glatte Petersilie
- Meersalz und frisch gemahlener schwarzer Pfeffer

Die Brühe erhitzen und knapp unter dem Siedepunkt halten. Falls Sie für einen Vegetarier kochen, sollten Sie Gemüsebrühe verwenden, doch Hühnerbrühe verleiht dem Reis ein kräftigeres Aroma und einen wunderbaren Glanz.

Eine Grill- oder Bratpfanne stark erhitzen. Die Spargelstangen mit einem Esslöffel des Olivenöls bestreichen und rundherum grillen oder braten, bis sie zart und »getigert« sind. Aus der Pfanne heben, in Stücke schneiden und beiseitestellen.

In einem Topf mit schwerem Boden das restliche Öl und die Butter erhitzen. Die Zwiebel und die Zitronenschale darin farblos anschwitzen, den Reis einrühren, sodass die Körner rundherum gut mit Fett bedeckt sind und glasig schwitzen. Den Prosecco zugießen und den Alkohol verkochen lassen. Kellenweise die Brühe zugeben und vor jeder weiteren Kelle den Reis unter Rühren garen, bis er sämtliche Flüssigkeit aufgenommen hat. Sobald die Brühe verarbeitet ist, die kalte Butter und den Parmesan unterrühren. Den Spargel unterziehen und den Risotto mit der Petersilie bestreuen. Und jetzt keine Zeit mehr verlieren.

KURZ NOTIERT

Für einen optimalen cremigen Risotto mit Biss verwenden Sie einen Holzlöffel und rühren immer nur in eine Richtung, sonst zerfallen die Reiskörner zu einem Brei.

FISCHSUPPE MIT SAFRAN

Safran gehört zu den ältesten und teuersten Gewürzen. Rund 70.000 Krokusblüten müssen geerntet werden, um ein Pfund Safran zu gewinnen!

FÜR 2 PERSONEN

1 großzügiger Schuss Olivenöl
1 rote Zwiebel, in dicke Streifen geschnitten
1 kleine Knolle Gemüsefenchel, in dicke Streifen geschnitten
3 Knoblauchzehen
1 Lorbeerblatt
1 rote Chilischote (Samen entfernt, falls Sie es nicht so scharf mögen), in dicke Ringe geschnitten
1 TL Fenchelsamen
250 ml Weißwein
600 ml heißer Fischfond
500 g reife Tomaten, gehackt
1 große Prise Safranfäden, in etwas warmem Wasser zerstoßen
200 g festes weißfleischiges Fischfilet, mundgerecht geschnitten
6–8 Miesmuscheln
200 g kleine Kalmare, gesäubert (siehe Seite 134) und in Ringe geschnitten
6 ungeschälte Kaisergranate oder 8 rohe Riesengarnelen
150 g tiefgekühlte Erbsen
1 TL gehacktes Fenchelgrün
1 EL gehackte glatte Petersilie
Meersalz, schwarzer Pfeffer

Gott sei Dank macht diese Fischsuppe weit weniger Arbeit. Ich liebe es, wie der schneeweiße Fisch, ich nehme gern Seeteufel, das delikate Aroma und die goldene Farbe des Safrans annimmt. Wenn Sie diese Suppe Ihrem Schatz servieren, hält er Sie garantiert für einen guten Fang.

Das Olivenöl in einem großen Topf erhitzen. Die Zwiebel und den Fenchel darin leicht Farbe nehmen lassen. Die ganzen geschälten Knoblauchzehen und das Lorbeerblatt zugeben (ich lasse den Knoblauch unzerkleinert, da er nur im Hintergrund wirken und nicht seinen ganzen schonungslosen Atem verströmen soll). Jetzt den Chili und die Fenchelsamen unterrühren, weitere 3 Minuten anschwitzen und mit dem Wein ablöschen. Den Bratensatz am Topfboden losrühren und den Wein auf die Hälfte einkochen. Mit dem heißen Fond auffüllen, die Tomaten und den Safran zugeben und zugedeckt bei schwacher Hitze etwa 10 Minuten garen.

Sobald die Suppe leicht sämig ist, den Fisch hineingeben und 5 Minuten garen. Dann die Muscheln, den Tintenfisch, die Kaisergranate oder Garnelen und die Erbsen zufügen und weitere 3–4 Minuten garen, bis sich die Krustentiere rosa gefärbt und die Muscheln geöffnet haben. Ungeöffnete Muscheln herausfischen und wegwerfen. Die Suppe abschmecken, mit dem Fenchelgrün und der Petersilie bestreuen und mit frischem Brot servieren.

KURZ NOTIERT
Ich gebe auch gern Kartoffeln mit in die Suppe, doch Sie können es mit fast jedem Gemüse versuchen.

GEBRATENE PAPRIKAWACHTELN MIT ROMESCO-SAUCE

Bei diesen kleinen Vögeln heißt es Messer und Gabel beiseitelegen und die Finger nehmen.

Das saftige, in leuchtend rote Sauce getauchte Fleisch zu zerrupfen und bis auf die kleinen, zerbrechlichen Knochen abzunagen, ist ein entspanntes, zwangloses Vergnügen, und der leere Teller ist Beweis genug, dass auch Ihrem Gast die Lust am Fleisch durchaus nicht fremd ist!

FÜR 2 PERSONEN

3 TL edelsüßes Paprikapulver
2 EL Olivenöl
3–4 Zweige Thymian, Blättchen abgezupft
Meersalz und frisch gemahlener schwarzer Pfeffer
2–4 Wachteln (je nach Größe und Appetit)

Für die Romesco-Sauce

75 g blanchierte, gehäutete Mandeln
75 g altbackenes Ciabatta oder anderes Weißbrot
2 mittelgroße reife Tomaten, von den Samen befreit und fein gehackt
225 g in Olivenöl eingelegte geröstete Paprika, abgetropft und in Streifen geschnitten
2 Knoblauchzehen, gehackt
½ TL edelsüßes Paprikapulver
1 ½ EL Rotweinessig
1 EL Zitronensaft
100 ml natives Olivenöl extra

Das Paprikapulver, das Olivenöl und den Thymian mit etwas Salz und Pfeffer verrühren. Die Wachteln rundherum – auch unter der Haut – damit einreiben und etwa 1 Stunde oder über Nacht, wenn Sie am Vortag mit der Vorbereitung beginnen möchten, marinieren.

Den Ofen auf 190 °C vorheizen, die Wachteln auf einem Rost in einen Bräter setzen und etwa 25 Minuten braten, bis die Haut knusprig und der beim Einstechen austretende Saft klar ist.

Während die Wachteln im Ofen sind, die Sauce zubereiten. Einfach die Mandeln und das zerkleinerte Brot im Mixer zu einer krümeligen Mischung zermahlen. Die Tomaten, die Paprikastreifen, den Knoblauch, das Paprikapulver, den Essig und den Zitronensaft zugeben und erneut pürieren, bis die Mischung glatt und leuchtend rot ist. Dann bei laufendem Gerät langsam das Olivenöl zugießen – wie wenn Sie eine Mayonnaise zubereiten.

Die Wachteln mit der Romesco-Sauce anrichten und mit einem einfachen Salat oder gedämpften grünen Bohnen servieren.

KURZ NOTIERT

Statt Wachteln können Sie auch Hähnchenbrust mit Knochen nehmen, die bei gleicher Temperatur 40–45 Minuten benötigen.

SPAGHETTI MIT VENUSMUSCHELN

Wenn schon die Göttin der Liebe und des Verlangens diesen Muscheln ihren Namen leiht, können Sie sich auf einiges gefasst machen. Und wenn Musik die Nahrung der Liebe ist, so ist das Klappern ihrer Schalen eine romantische Sinfonie.

FÜR 2 PERSONEN

30 Venusmuscheln in der Schale
250 g Kirschtomaten, halbiert
½ TL Chiliflocken
3 Knoblauchzehen, in Scheiben geschnitten
Meersalz und frisch gemahlener schwarzer Pfeffer
1 TL Zucker
Natives Olivenöl extra zum Beträufeln
250 g Spaghetti
½ Zwiebel, fein gehackt
3 Knoblauchzehen, gehackt
Abgeriebene Schale und Saft von ½ Zitrone
Olivenöl zum Braten
150 ml Weißwein
1 Handvoll glatte Petersilie, gehackt

KURZ NOTIERT

Der salzige Sud der Muscheln ist so würzig, dass Sie die Sauce nicht extra salzen müssen.

Spaghetti mögen nicht die beste Wahl für einen ersten Abend mit schwitzigen Händen sein, doch in der Intimität des vis-à-vis über einen Teller Spaghetti gebeugt zu sitzen, hat etwas kindlich-romantisches. Diese Spaghetti koche ich am liebsten zu Hause, da sich im Restaurant meist nur ein paar vereinzelte Muscheln in einem Berg von Nudeln verlieren.

Den Ofen auf 200 °C vorheizen. Die Muscheln mehrmals in kaltem Wasser waschen und gründlich aneinander reiben, um anhaftende Verunreinigungen zu entfernen. Leicht geöffnete Muscheln, die sich bei fester Berührung nicht schließen, wegwerfen.

Die Tomaten in eine Bratenpfanne geben, den Chili und die Knoblauchscheiben darüber verteilen. Mit Salz, Pfeffer und dem Zucker würzen, mit Olivenöl beträufeln und 25 Minuten im Ofen rösten, bis die Tomaten weich und leicht karamellisiert sind.

In einem großen Topf reichlich Wasser zum Kochen bringen und leicht salzen. Die Pasta hineingeben und in 8–10 Minuten al dente kochen.

Inzwischen die Zwiebel, den gehackten Knoblauch und die Zitronenschale bei schwacher Hitze in einem kräftigen Schuss Olivenöl anschwitzen. Sobald die Zwiebel weich ist, den Wein zugießen, aufkochen und den Alkohol verdampfen lassen. Die Tomaten zugeben, 2 Minuten rühren und dann mit klapperndem Getöse die wunderbaren Venusmuscheln hineinwerfen. Erneut zum Kochen bringen und zugedeckt 3 Minuten dämpfen, bis sich die Muscheln geöffnet haben. Muscheln, die sich nicht öffnen, herausfischen und wegwerfen. Die Petersilie und den Zitronensaft unterrühren. Über die abgetropften Spaghetti löffeln und servieren.

SÜNDIGE SCHOKOLADENTRÜFFEL

Der Pfad der wahren Liebe kann manchmal holprig und steinig sein, doch diese zartschmelzenden, beschwipsten Trüffel werden sicher helfen, ihn zu ebnen.

ERGIBT 15 STÜCK

200 g sehr gute Bitterschokolade, grob gehackt
125 ml Sahne
1 EL Weinbrand
200 g weiße Schokolade, grob gehackt
Kakaopulver von guter Qualität zum Bestauben

Die Bitterschokolade in eine hitzebeständige Schüssel geben. Die Sahne bis knapp zum Siedepunkt erhitzen und über die Schokolade gießen. Den Weinbrand zugeben und rühren, bis die Mischung glatt und glänzend ist. Mit Frischhaltefolie bedecken und über Nacht kalt stellen.

Ein Backblech mit Pergamentpapier auslegen. Pro Trüffel jeweils zwei Teelöffel von der Schokomasse abstechen und zu Kugeln formen. Arbeiten Sie zügig, da die Masse schnell schmilzt und dann wird die Angelegenheit etwas klebrig. Es müssen ohnehin keine perfekt gerundeten Kugeln sein. Auf das Blech legen und weitere 2 Stunden kalt stellen.

Die weiße Schokolade im heißen Wasserbad schmelzen und etwas abkühlen lassen. Die Schokokugeln in die flüssige Schokolade tauchen, wieder auf das Blech legen und noch einmal 2 Stunden in den Kühlschrank stellen. Sobald die weiße Schokoladenhülle fest ist, die Trüffel mit Kakaopulver bestauben. Essen Sie einen, essen Sie alle ...

KURZ NOTIERT

Für eine nussige Version lassen Sie die weiße Schokolade weg und rollen die Trüffel stattdessen in zwei Esslöffeln zerstoßenen, gerösteten Haselnüssen oder Mandeln.

FEIGENTARTES

Falls Sie ein bisschen Leben in Ihr Schlafzimmer bringen wollen, vergessen Sie den Sextherapeuten; gehen Sie stattdessen zu Ihrem Obst- und Gemüsehändler und kaufen Sie ihm ein paar Feigen ab.

ERGIBT 12 UNWIDERSTEHLICHE TÖRTCHEN

100 g Butter
100 g feinster Zucker
3 Gewürznelken
1 Sternanis
8 Feigen, in dünne Spalten geschnitten
Mehl zum Bestauben
250 g Blätterteig (Fertigprodukt)

Die erotischen Früchte sind seit jeher ein Symbol der Liebe und Fruchtbarkeit und der Sex-Appeal dieses Rezepts liegt offen auf der Hand: saftige Feigen unter zartschmelzendem, pikantem Karamell auf einem Bett aus luftig-lockerem Blätterteig – eine erregende Zutat über der anderen ... Kommen Sie schon, Sie wollen es doch auch.

Den Ofen auf 190 °C vorheizen und ein Tarteblech mit zwölf Vertiefungen mit Backpapier auskleiden.

Die Butter und den Zucker mit den Nelken und dem Sternanis zerlassen, bis ein goldgelber Karamell entstanden ist. Je einen Esslöffel Karamell in die Tarteförmchen füllen und die Feigen einschichten.

Den Blätterteig auf der leicht bemehlten Arbeitsfläche etwa fünf Millimeter dünn ausrollen und Kreise ausstechen, die groß genug sind, um die Früchte zu bedecken. Die Teigkreise über die Feigen legen und an den Rändern sorgfältig nach innen einschlagen.

Das Blech in den Ofen schieben und die Tartes 12–15 Minuten backen, bis der Teig goldgelb und durchgegart ist. Die Törtchen auf Teller stürzen und mit einer Kugel Vanilleeis sofort servieren – die Kombination von heißem Karamell auf Teig und eiskaltem Vanilleeis ist sensationell.

FRANZÖSISCHES MARTINIGELEE MIT EISCREME

Wenn ich die Wahl zwischen Cocktail und Dessert habe, entscheide ich mich immer dafür, den gewährten Kalorienaufschlag in etwas Essbares einzulösen.

FÜR 2 PERSONEN

30 g Zucker
30 ml Wasser
3 Blatt Gelatine
30 ml Himbeerlikör (z. B. Chambord)
125 ml Ananassaft
90 ml Wodka
100 g Himbeeren
Überzuckerte Zitronenschale und Vanilleeis zum Servieren

Bei diesem Gelee mit Eiscreme für Erwachsene entfällt die Qual der Wahl. Hier haben Sie beides in einem, sozusagen einen Cocktail zum Löffeln.

Den Zucker in einem Topf mit schwerem Boden mit dem Wasser vermengen und bei schwacher Hitze auflösen. Zum Kochen bringen, sirupartig einkochen und abkühlen lassen.

Inzwischen die Gelatine in kaltem Wasser 6 Minuten einweichen. Gut ausdrücken und mit dem Likör, dem Ananassaft und dem Wodka unter den lauwarmen Zuckersirup rühren.

Die Himbeeren auf zwei Martinigläser oder Teetassen verteilen, die Flüssigkeit darübergießen und für 6 Stunden kalt stellen, bis sie geliert ist. Mit gezuckerter Zitronenschale garnieren und mit Vanilleeis servieren.

ERDBEEREN IN ORANGENLIKÖR UND SCHOKOLADE

Wenn es in der Liebe zuginge wie im Film, dann wäre ein Teller mit diesen Erdbeeren eine Szene aus 9 1/2 Wochen, deren Ausgang sich vielversprechend anlässt.

In Wirklichkeit sind Sie so fasziniert von dem köstlichen Kontrast zwischen der bitteren Schokolade und den saftigen Erdbeeren, dass Sie Ihr Gegenüber kaum wahrnehmen. Doch mit ausreichend Brandy gegen die Befangenheit besteht durchaus Hoffnung. Licht, Kamera – und ACTION!

ERGIBT 12 SÜSSE VERSUCHUNGEN

- 150 g Bitterschokolade (mindestens 70 % Kakao)
- 1 großes Stück Butter
- 1 EL Orangenlikör (z. B. Grand Marnier)
- 1 EL Sahne
- 12 Erdbeeren

Ein Backblech mit Pergamentpapier auslegen. Die Schokolade und die Butter im heißen Wasserbad schmelzen. Sobald die Mischung flüssig ist, den Likör und die Sahne zugießen und die Schokolade glatt rühren. Die Erdbeeren drei Viertel tief in die Schokolade tauchen, auf dem Blech fest werden lassen und zum vollständigen Aushärten in den Kühlschrank stellen. Mit einem Lächeln und einem Augenzwinkern servieren.

KURZ NOTIERT

Dieses Rezept funktioniert auch mit weißer Schokolade und Rum.

LITSCHIGELEE MIT VANILLE-PANNACOTTA

Sind Sie wirklich bereit für dieses Gelee? Es sollte auf keiner Party fehlen.

FÜR 2 PERSONEN

100 g Litschis, entsteint
3 Blatt Gelatine
250 ml Litschi- oder Apfelsaft
25 g feinster Zucker

Für die Vanille-Pannacotta
2 Blatt Gelatine
175 ml Vollmilch
175 ml Sahne
½ Vanilleschote, aufgeschlitzt
1 EL feinster Zucker

Saftige, exotische Litschis in zartem Gelee, bedeckt mit cremiger Pannacotta, die schon beim Anblick leise erzittert, schmeicheln dem Auge ebenso wie dem Gaumen.

Die Litschis in zwei Dessertschalen oder Bechergläser geben und die Gelatine 5 Minuten in kaltem Wasser einweichen.

Ein Drittel des Fruchtsaftes und den Zucker in einem Topf vermengen und bei mäßiger Hitze erwärmen, bis sich der Zucker aufgelöst hat. Die gut ausgedrückte Gelatine zugeben und unter Rühren auflösen. Den restlichen Saft dazugeben und die Mischung sofort über die Litschis gießen. Etwa 6 Stunden in den Kühlschrank stellen, bis der Saft geliert ist.

Für die Pannacotta die Gelatine in kaltem Wasser einweichen. Inzwischen die Milch, die Sahne, die Vanilleschote und den Zucker in einem Topf nicht ganz bis zum Siedepunkt erhitzen. Die Vanilleschote herausnehmen und die gut ausgedrückte Gelatine hineingeben. Vom Herd nehmen und rühren, bis sich die Gelatine aufgelöst hat. Die Mischung abkühlen lassen, über das Litschigelee gießen und für etwa 2 Stunden in den Kühlschrank stellen, bis die Pannacotta geliert ist.

HIMBEER-ROSEN-PAVLOVA

Diese luftig-lockere Baisertorte ist genau das Richtige, um eine rosige Frische auf die Wangen Ihres Lovers zu zaubern.

Ihre knusprige und doch zarte Konsistenz, der blumige Duft und die üppigen Schichten aus säuerlichen Himbeeren und cremiger Sahne sind eine einzige Orgie der Schwelgerei.

Den Ofen auf 180 °C vorheizen. Ein Backblech mit Backpapier auslegen. Die Eiweiße in einer großen Schüssel schlagen, bis sie die Konsistenz von schmelzendem Softeis haben. Nach und nach den Zucker einstreuen und weiterschlagen, bis Sie einen seidig glänzenden, festen Eischnee haben. Den Vanilleextrakt, das Rosenwasser und den Essig vorsichtig unter den Eischnee ziehen, ohne dass er wieder zusammenfällt.

Mit einem Spritzbeutel – oder mit einem Löffel, wenn Sie es wie ich lieber ländlich-rustikal mögen – zwei herzförmige Böden aus dem Eischnee auf das Blech auftragen. (Zur Orientierung zeichne ich die Herzen mit Bleistift auf dem Papier vor, doch fand ich es schon damals als begeisterte Koloristin schwierig, nicht »überzumalen«.) Sie können auch mehrere Kreise von unterschiedlicher Größe auftragen und später zu einem imposanten Turm schichten.

Die Baiserböden in den Ofen schieben, die Temperatur sofort auf 150 °C reduzieren und 55 Minuten backen – die Baisers sollten außen eine dünne, fragile Kruste gebildet haben, im Kern aber noch cremig sein. Die Böden bei geöffneter Ofentür abkühlen lassen.

Sobald sie erkaltet sind, umgedreht auf eine Platte legen. Die Sahne steif schlagen, bis sich weiche Spitzen bilden. Die Baiserböden dick mit der Sahne bestreichen und mit den Himbeeren garnieren. Noch eine zündende Idee: Nach meiner Erfahrung hat eine brennende Wunderkerze in der Torte, kitschig hin oder her, immer einer Bombenwirkung auf das Nach-Nachtischvergnügen.

FÜR 2 PERSONEN

2 Eiweiß
125 g feinster Zucker
1 TL Vanilleextrakt
2 TL Rosenwasser
1 TL Weißweinessig
150 ml Sahne
250 g Himbeeren

KURZ NOTIERT

Arbeiten Sie zügig, wenn der Eischnee steif ist, damit Ihre Baisers nicht zusammenfallen. Sie können die Baisers auch einen Tag im Voraus backen und, sobald sie vollständig abgekühlt sind, luftdicht verschlossen aufbewahren.

Paris

KAPITEL ZWÖLF

Wenn die Eltern kommen

... und andere heikle Situationen, in denen man die Unterhaltung dem Essen überlassen sollte

Sie kennen das sicher – das übliche Prozedere: 1) Schnell noch in den völlig überteuerten Gourmetshop reinspringen. 2) Eine Auswahl ruinöser Gaumenfreuden erstehen. 3) Aufwärmen. 4) Auf dem besten Porzellan servieren. 5) Liebenswürdig lächeln, wenn die Gäste anerkennend Ihre wirklich vorzügliche italienische Küche loben. Das Problem – der Trick ist mittlerweile so durchsichtig wie das Sommerkleid von Chloé aus dem letzten Jahr.

Nichts ist leichter, als TV-Starköchen wie der bezaubernden Nigella Lawson und dem impulsiven Gordon Ramsay im Kameralicht auf die Finger zu schauen, doch jetzt ist langsam mal Zeit, das Gelernte in die Tat umzusetzen. Es ist Ihre Küche, also machen Sie Ihre eigene Show!

Vergessen Sie alle schmachvollen Schiffbrüche und kulinarischen Waterloos – auch Sie können eine brillante Gastgeberin sein. Planen Sie voraus und erweitern Sie Ihr Repertoire um ein paar narrensichere Rezepte. Sie werden staunen, wie viel Sie sparen, wenn Sie den Feinkostladen links liegen lassen – als Ansporn gönnen Sie sich gleich ein Paar neue Schuhe – und überhaupt, wollen Sie Ihre Küche denn ewig verbarrikadieren!?

SÜDINDISCHES FISCHCURRY & ZITRONENREIS

Dieses südindisch angehauchte Fischcurry ist leicht, delikat und raffiniert.

FÜR 6 PERSONEN

1 kg festes weißfleischiges Fischfilet, z. B. Seeteufel, Pollack, Kabeljau oder Seezunge, in mundgerechte Stücke geschnitten
1 TL Kurkuma
1 TL Meersalz
Saft von ½ Zitrone

Für das Curry
3 EL Pflanzenöl
2 TL Senfsamen
1 Prise Asant (siehe Seite 183)
8 Gewürznelken, grob zermahlen
15–20 Curryblätter (siehe Seite 183)
½ TL Kreuzkümmelsamen
2 rote Zwiebeln, in dünne Halbmonde geschnitten
Meersalz
1 rote Chilischote, von den Samen befreit und in Streifen geschnitten
2 fingergroße Stücke Ingwer, geschält und in streichholzgroße Stifte geschnitten
½ TL Kurkuma
1 EL Zucker
3 EL Tamarindenmark

Kein infernalisches Feuer, das die Stirnhöhlen durchpustet, nur die milde Süße samtweicher Kokosmilch. Keine grellen Gewürze, nur der sanfte Atem nussiger Senfsamen und duftender Curryblätter, begleitet von einem Hauch Nelken und Ingwer. Keine quietschbunte Sauce, nur der edle, goldfarbene Schimmer von Kurkuma. Kein anderes Gericht lässt mich so nostalgisch an meine Ferien an den traumhaften Seen und Lagunen von Kerala denken wie dieses. Es ist mein liebstes Souvenir, das ich immer und immer wieder mit Freunden teile.

Den Fisch in eine Schüssel geben, mit der Kurkuma und dem Salz bestreuen und mit dem Zitronensaft beträufeln. Gründlich mischen und 30 Minuten marinieren.

Für das Curry das Pflanzenöl in einem großen Wok erhitzen, bis es raucht und die Senfsamen hineinstreuen. Sobald sie zu platzen beginnen, den Asant, die Nelken und die Curryblätter zugeben und rasch verrühren. Den Kreuzkümmel, die Zwiebeln und etwas Salz, damit sie nicht braun werden, hinzufügen und bei schwacher Hitze pfannenrühren, bis die Zwiebeln weich und glasig sind. Den Chili und den Ingwer zugeben und einige weitere Minuten unter Rühren garen. Die Kurkuma und den Zucker einstreuen und erneut 1 Minute pfannenrühren. Das Tamarindenmark in der Kokosmilch auflösen, zusammen mit dem Wasser in den Wok gießen und zum Kochen bringen. Die Temperatur reduzieren und den Fisch 5 Minuten behutsam in der Sauce garen.

Inzwischen den Reis kochen und abtropfen lassen. In einem zweiten Topf das Öl erhitzen. Zuerst den Asant hineingeben, dann die Urdbohnen, den Chili und die Senfsamen hinzufügen und, sobald die Samen platzen, die Curryblätter, die Schale und den Saft der Zitrone und die Kurkuma unterrühren. Den Reis zugeben und sorgfältig untermischen.

Zuletzt die Garnelen zu dem Fisch in den Wok geben und alles noch einmal 3 Minuten ziehen lassen, bis Fisch und Garnelen gar sind. Von der Kochstelle nehmen, das Koriandergrün unterrühren und den Zitronensaft darübergießen. Mit dem Zitronenreis sofort servieren.

KURZ NOTIERT

Die in Indien sehr beliebten Urdbohnen, auch Linsenbohnen oder indische Linsen genannt, bekommen Sie relativ preiswert im indischen Feinkosthandel. Sollten Sie nicht fündig werden, können Sie sie auch weglassen, doch verleihen Sie dem Reis einen angenehm nussigen Biss.

400 ml Kokosmilch
500 ml Wasser
500 g rohe Riesengarnelen, geschält, Därme entfernt
1 kleines Bund Koriandergrün, grob gehackt
Saft von 1 großen Zitrone

Für den Zitronenreis

500 g Basmatireis
3 EL Pflanzenöl
1 Prise Asant
2 gehäufte EL Urdbohnen (siehe Kurz notiert)
1 getrocknete rote Chilischote
1 EL Senfsamen
15 Curryblätter
Abgeriebene Schale und Saft von 1 unbehandelten Zitrone
1/2 TL Kurkuma

WOLFSBARSCH IN DER SALZKRUSTE MIT HONIGRADIESCHEN

Dieser genialen Zubereitungsart für Fisch bin ich das erste Mal auf Sardinien begegnet. Der Fisch kam praktisch direkt aus dem Wasser, wurde in Salz eingepackt und landete sofort auf dem Grill.

FÜR 4 PERSONEN

2 kg feines Meersalz
Abgeriebene Schale von 2 unbehandelten Zitronen
3 EL gehackter Rosmarin
3 EL gehackter Thymian
2 Eiweiß
60 ml Wasser
1 unbehandelte Zitrone, in dicke Scheiben geschnitten
1 Wolfsbarsch von 1 kg, geschuppt und ausgenommen
Natives Olivenöl extra zum Beträufeln
2 EL gehackte glatte Petersilie zum Garnieren

Für die Radieschen

15–20 Radieschen, geputzt
Olivenöl
2 EL flüssiger Honig
Meersalz und frisch gemahlener schwarzer Pfeffer

Das Salz in England hatte allerdings kein ausreichendes Stehvermögen, daher habe ich als Klebstoff Eiweiß und Wasser untergemengt, und die Zitronenschale und die Kräuter sorgen für eine Spur Raffinesse. Das Beste jedoch ist die Show, wenn die Salzkruste begleitet von den Aaahs und Ooohs der staunenden Gäste aufgebrochen wird, um das zarte, saftige Fleisch freizulegen.

Den Ofen auf 200 °C vorheizen. Die Radieschen in eine Bratenpfanne geben, mit etwas Olivenöl und dem Honig übergießen und würzen. Gründlich durchmischen, bis sie rundherum gleichmäßig mit Honig und Öl bedeckt sind. Beiseitestellen.

Das Salz in einer großen Schüssel mit der Zitronenschale und den Kräutern vermengen. In einer zweiten Schüssel die Eiweiße aufschlagen, bis sie ihr Volumen nahezu verdoppelt haben. Den Eischnee behutsam unter das Salz ziehen und das Wasser unterrühren – das Ganze sollte an feuchten Sand erinnern.

Die Zitronenscheiben in die Bauchhöhle des Wolfsbarschs stecken und den Fisch in Salz einpacken. Dazu gebe ich die Hälfte der Salzmischung in eine Bratenpfanne, lege den Fisch darauf und bedecke ihn dann vollständig mit dem restlichen Salz. Das Salz fest andrücken. Die Salzschicht sollte rundherum etwa zwei Zentimeter dick sein, Kopf und Schwanz dürfen Sie ruhig freilassen.

Den Fisch in seinem Salzbett gleich in den Ofen schieben und 40–45 Minuten backen. Nach der Hälfte der Garzeit die Radieschen mit einschieben und rösten, bis sie knallrosa und karamellisiert sind.

Zur Garprobe den Fisch durch die Kruste mit einem Metallspieß einstechen. Ist er nach dem Herausziehen warm, ist der Fisch gar.

Zum Servieren die goldgelbe Kruste aufbrechen und den Fisch freilegen. Die Filets ablösen, mit bestem Olivenöl beträufeln und mit Petersilie bestreuen.

GEBRATENER GLATTBUTT MIT FENCHEL, ZITRONEN UND KAPERN

Sie greifen gern zum Telefon und lassen sich etwas vom Take-away kommen? Dieses Rezept liefert ein köstliches Abendessen in weniger als den üblichen 30 Minuten, die es dauert, bis der Lieferservice vor Ihrer Tür steht.

FÜR 6 PERSONEN

4 EL Olivenöl
2 Knollen Gemüsefenchel, in je 6 Spalten geschnitten, das Grün gehackt
1 unbehandelte Zitrone, in 6 Spalten geschnitten
2 TL Zucker
6 dicke Glattbuttfilets mit Haut
1 Stück Butter
3 Knoblauchzehen, in Scheiben geschnitten
3 EL Kapern
6 kleine Rispen Cocktailtomaten
1 gehäufter TL Fenchelsamen
Meersalz und frisch gemahlener schwarzer Pfeffer

Die Verbindung von saftigem Glattbutt – bei uns heißt der Fisch *brill* –, geröstetem Fenchel und Zitrone ist, nun ja – *brill*-ant! Erwarten Sie aber kein Trinkgeld, genießen Sie einfach bescheiden lächelnd das überschwängliche Lob Ihrer Gäste.

Den Ofen auf 200 °C vorheizen. In einer Pfanne einen Esslöffel des Olivenöls auf mittlerer Stufe erhitzen. Den Fenchel und die Zitronenspalten einlegen, mit dem Zucker bestreuen und rösten, bis das Gemüse von einer Seite goldbraun karamellisiert ist. Den Fenchel wenden und von der anderen Seite bräunen.

Die Fischfilets auf der Hautseite in Abständen von 2,5 Zentimetern einschneiden und sorgfältig abtrocknen – so wird die Haut besonders knusprig. In einer Pfanne ein Stück Butter mit dem restlichen Olivenöl (damit sie nicht verbrennt) erhitzen. Die Filets mit der Haut nach unten einlegen und in 3 Minuten knusprig anbraten. Herausheben.

Den Fisch von beiden Seiten kräftig würzen und in eine Bratenpfanne legen, Hautseite nach unten. Den Knoblauch, die Kapern, die Tomaten sowie den Fenchel und die Zitrone darüber verteilen. Mit den Fenchelsamen bestreuen, noch einmal würzen und 10–15 Minuten im Ofen backen, bis der Fisch gar ist. Mit dem gehackten Fenchelgrün bestreuen und sofort servieren.

LAMMKEULE MIT PIKANTER JOGHURT-KRÄUTER-KRUSTE

Ein anständiger Braten kann ein Mordsaufwand sein, doch auch wenn dieser nach einem ganzen Tag Schufterei aussieht, ist er alles andere als das, was ich arbeitsintensiv nennen würde.

FÜR 6 PERSONEN

1 Lammkeule von 1,5 kg – lassen Sie den Knochen vom Schlachter auslösen, sodass sich das Fleisch wie ein Buch aufklappen lässt
Meersalz
6 Knoblauchzehen
1 Bund Minze
1 Bund Koriandergrün
400 g Joghurt
2 TL Paprikapulver
2 TL gemahlene geröstete Kreuzkümmelsamen
2 TL gemahlene geröstete Koriandersamen
Saft und abgeriebene Schale von 1 großen unbehandelten Zitrone
½ TL Safranfäden, in 2 TL warmem Wasser zerstoßen
1 TL grob gemahlener schwarzer Pfeffer

Einfach die Zutaten für die Kruste in den Mixer werfen, das Fleisch damit einreiben und 1 Stunde vor dem Essen in den Ofen schieben. Da der Knochen ausgelöst wird, gart das Fleisch schneller und gleichmäßiger und auch das Tranchieren ist ein Klacks.

Die Lammkeule von überschüssigem Fett befreien und großzügig mit Meersalz bestreuen. Für die Marinade den Knoblauch und die Kräuter im Mixer fein zerhacken und mit dem Joghurt, den Gewürzen, dem Saft und der Schale der Zitrone, dem Safran und dem Pfeffer verrühren. Das Fleisch mit der Mischung einreiben und mindestens 4 Stunden oder über Nacht marinieren – da Zitrone und Joghurt selbst die zäheste Sehne erweichen, wird es butterzart und zergeht auf der Zunge.

Sobald Sie startbereit sind, den Ofen auf 200 °C vorheizen. Das Fleisch direkt auf den Rost legen und die Saftpfanne darunterstellen, um abtropfenden Saft aufzufangen. Etwa 45 Minuten für medium braten, etwa 1 Stunde, wenn Sie es durchgegart bevorzugen. Die Keule nach der Hälfte der Zeit wenden und mit dem aufgefangenen Bratensaft überziehen.

Das Lamm aus dem Ofen nehmen und vor dem Anschneiden mindestens 10 Minuten an einem warmen Ort ruhen lassen.

SIEBEN-GEWÜRZE-SCHWEINE-KOTELETTS &

APFEL-MANGO-CHUTNEY MIT MINZE

Marinieren Sie diese Koteletts so lange es irgend geht – gute 6 Stunden oder sogar über Nacht ist meine Empfehlung.

FÜR 6 PERSONEN

3 dicke Knoblauchzehen, grob gehackt
2 grüne Chilischoten (Samen entfernt, wenn Sie es nicht so scharf mögen), grob gehackt
7,5 cm Ingwer, geschält und grob gehackt
1/4 TL Gewürznelken
1 EL Koriandersamen
5 grüne Kardamomkapseln
1 EL schwarze Pfefferkörner
1 EL Kreuzkümmelsamen
1 Sternanis
8 gehäufte EL Joghurt
1/2 TL Kurkuma
1 TL Meersalz
1/2 TL rotes Chilipulver
Saft von 1/2 Zitrone
6 Schweinekoteletts

Für das Chutney

1 Apfel (vorzugsweise Boskop oder Bramley), geschält und grob gehackt
1 Mango, geschält und grob gehackt
1 kleine Zwiebel, grob gehackt
1 grüne Chilischote (Samen entfernt, wenn Sie es nicht so scharf mögen), grob gehackt
1 Bund Minze, grob zerpflückt
Meersalz
2 TL feinster Zucker

Der Joghurt macht das Fleisch wunderbar zart, hält es saftig und sorgt für eine würzige goldgelbe Schwarte. Das Chutney steuert eine frische, pikante Note bei, aber reservieren Sie es nicht nur für Koteletts, es schmeckt auch fabelhaft zu einer Käseauswahl oder auf einem Sandwich.

Den Knoblauch, den Chili und den Ingwer im Mixer oder Mörser zu einer Paste zermahlen. Sämtliche ganzen Gewürze in der Pfanne trocken rösten, bis sie aromatisch duften; im Mörser grob zermahlen. Die Gewürzmischung mit dem Joghurt, der Kurkuma, dem Salz, dem Chilipulver, dem Zitronensaft und der Knoblauch-Ingwer-Paste verrühren. Die Koteletts mit der Mischung einreiben und mindestens 6 Stunden oder über Nacht marinieren.

Das Chutney können Sie im Voraus zubereiten, es hält sich im Kühlschrank 1 Woche. Den Apfel, die Mango, die Zwiebel, den Chili und die Minze im Mixer fein pürieren. Salzen und den Zucker unterrühren.

Eine Grillpfanne oder den Grill auf mittlerer Stufe vorheizen und die Koteletts von jeder Seite 6 Minuten grillen, bis sie durch sind; dabei regelmäßig mit der verbliebenen Marinade bestreichen. Mit dem Chutney und neuen Kartoffeln servieren.

LAMM BIRYANI

Lassen Sie sich nicht von der ellenlangen Zutatenliste abschrecken, das meiste sind Gewürze.

Wenn Sie nicht so scharf auf die ganze Mahlerei sind (ich finde sie geradezu therapeutisch), kaufen Sie ruhig eine fertige Gewürzmischung. »Shan« (eine Marke, die jede indische Hausfrau im Regal hat) bietet ausgezeichnete Mischungen an und für ein paar Euro ist das lästige Mahlen für Sie bereits erledigt. Sie können sie im indischen Feinkosthandel oder über das Internet beziehen. Schauen Sie nach Sindhi- oder Bombay-Biryani-Mischungen.

FÜR 6 PERSONEN

- 2 große rote Zwiebeln, 1 grob gewürfelt und 1 in dünne Halbmonde geschnitten
- 5 dicke Knoblauchzehen, grob gehackt
- 7,5 cm Ingwer, geschält und grob gehackt
- 2 grüne Chilischoten (Samen entfernt, wenn Sie es nicht so scharf mögen), grob gehackt
- Pflanzenöl zum Braten
- 750 g Lammschulter, gewürfelt
- 1/2 TL Kurkuma
- 250 g Joghurt
- Saft von 1 Zitrone
- 4 reife Tomaten, gehackt
- 2 EL Tomatenmark
- 10 getrocknete Aprikosen
- 5 EL gehackte Minze
- 5 EL gehacktes Koriandergrün
- 8 kleine neue Kartoffeln, teilgegart und in mundgerechte Stücke geschnitten
- Minz-Raita zum Servieren (siehe Seite 273)

Mit der Minz-Raita beginnen. Sämtliche Zutaten außer dem Kreuzkümmel verrühren. Eine Pfanne stark erhitzen und den Kreuzkümmel darin rösten, bis er aromatisch duftet. Über den Joghurt-Mix streuen und bis zum Servieren kalt stellen.

Nun zu dem Biryani. Die Zwiebelwürfel, den Knoblauch, den Ingwer und den Chili im Mixer zu einer Paste zermahlen. Die Paste in einem Schuss Pflanzenöl bei mittlerer Hitze 8–10 Minuten rösten, bis sie gebräunt und gut durchgegart ist.

Das gwürfelte Lammfleisch in eine Schüssel legen, mit der gerösteten Paste, der Kurkuma, dem Joghurt und dem Limettensaft vermischen und mehrere Stunden oder über Nacht marinieren.

Den Reis in mehrmals gewechseltem Wasser waschen. Einen Topf mit Wasser füllen, das Salz zugeben und zum Kochen bringen. Den Reis, den Zimt, die Pfefferkörner, den Kardamom, die Nelken und den Kreuzkümmel hineingeben und etwa 10 Minuten kochen, bis der Reis halb gar ist – er sollte noch Biss haben. Gut abtropfen lassen und zum Abkühlen auf einem großen Blech ausbreiten. Den Safran in dem warmen Wasser zerstoßen, gut umrühren und so über den Reis träufeln, dass ein hübscher Kontrast zwischen goldgelbem und strahlend weißem Reis entsteht. Zuletzt mit dem Rosenwasser benetzen.

Den Ofen auf 170 °C vorheizen. Sämtliche Zutaten für die Gewürzmischung in einer Gewürzmühle oder im Mörser grob zermahlen.

In einer großen Bratpfanne etwas Pflanzenöl erhitzen und die Zwiebelhalbmonde darin goldgelb braten. Mit einem Schaumlöffel herausheben und auf Küchenpapier abtropfen lassen. Das Fleisch samt Marinade in die Pfanne geben und rundherum etwa 10 Minuten anbraten. Die Tomaten, das Tomatenmark, die Aprikosen und die Gewürzmischung zufügen und alles gründlich verrühren. Zugedeckt etwa 30 Minuten schmoren, bis das Fleisch zart und die Sauce eingedickt ist. Die Minze und das Koriandergrün einstreuen und umrühren.

Die Hälfte des Fleischs in eine hohe Schmorpfanne geben und mit der Hälfte des Reises bedecken. Die Hälfte der gebratenen Zwiebeln darüber verteilen und die Hälfte der Kartoffeln in den Reis drücken. Das restliche Lammfleisch einfüllen und in gleicher Weise mit einer weiteren Schicht Reis, Zwiebeln und Kartoffeln bedecken. Die Oberfläche mit etwas Ghee und Rosenwasser beträufeln und mit gefetteter Alufolie zudecken. Mit einem Deckel fest verschließen, damit kein Dampf entweichen kann und der Reis wunderbar locker wird.

Das Biryani 40 Minuten im Ofen backen. Mit den hart gekochten Eiern und Koriandergrün garnieren und mit der Minz-Raita servieren.

Für den Reis

500 g Basmatireis
2 TL Meersalz
2 Zimtstangen
1 TL schwarze Pfefferkörner
6 grüne Kardamomkapseln, zerstoßen
1/2 TL Gewürznelken
2 TL Kreuzkümmelsamen
1 große Prise Safranfäden
4 EL warmes Wasser
2 EL Rosenwasser, plus extra zum Beträufeln
Ghee oder Butterschmalz zum Beträufeln

Für die Gewürzmischung

1 TL Kreuzkümmelsamen
1/2 TL schwarze Pfefferkörner
1 getrocknete rote Chilischote
6 Gewürznelken
6 grüne Kardamomkapseln
1/2 TL gemahlener Zimt
1/2 TL frisch geriebene Muskatnuss
1/2 TL gemahlene Muskatblüte
1 EL Mangopulver (*amchur*; siehe Seite 32)

Für die Garnitur

3 hart gekochte Eier, geviertelt
Gehacktes Koriandergrün

Für die Minz-Raita

400 g Joghurt
1 große Handvoll Minze, fein gehackt
1 grüne Chilischote (Samen nach Belieben entfernt), fein gehackt
1/2 Zwiebel, fein gehackt
Saft von 1/2 Limette
Meersalz und frisch gemahlener schwarzer Pfeffer
1/2 TL gerösteter Kreuzkümmel

WURSTPFANNE

MIT RÖSTKARTOFFELN UND SÜSSSAUREN SCHALOTTEN

Nichts gegen das Kochen – es ist der Mount Everest an Abwasch, der Sie zum Wahnsinn treibt.

FÜR 4 PERSONEN

4 mittelgroße festkochende Kartoffeln
20 kleine Schalotten oder Perlzwiebeln
4 Knoblauchzehen, fein gehackt
Olivenöl zum Beträufeln
Meersalz und frisch gemahlener schwarzer Pfeffer
250 g braune Champignons, halbiert
8 gute Bratwürste Ihrer Wahl
Einige Zweige Thymian
250 ml Rotwein
1 EL brauner Zucker
6 EL Balsamicoessig

Gut zu wissen also, dass diese würzigen Würste nur eine einzige Pfanne erfordern, so können Sie entspannt lauschen, wer gerade wen durch den Schmutz zieht, statt schmutziges Geschirr durchs Wasser zu ziehen – die ideale Stärkung nach Feierabend.

Den Ofen auf 200 °C vorheizen. Die Kartoffeln gründlich abbürsten, jedoch nicht schälen, und in dicke Scheiben schneiden. Mit den Schalotten und dem Knoblauch in eine große Bratenpfanne geben, mit Olivenöl beträufeln und kräftig mit Salz und Pfeffer würzen. Alles gründlich durchmischen und 25 Minuten im Ofen garen. Die Champignons zugeben, sorgfältig in dem Knoblauchöl wenden und die Würste auf das Gemüse legen. Den Thymian darauf verteilen, mit dem öligen Sud überziehen und alles weitere 20 Minuten garen. Die Würste umdrehen und in weiteren 20 Minuten fertigstellen.

Die Würste mit den Kartoffeln und den Pilzen auf eine vorgewärmte Platte heben und warm stellen, während Sie die Sauce zubereiten. Die Schalotten in der Pfanne lassen, den Thymian herausnehmen. Die Pfanne auf den Herd stellen, mit dem Wein ablöschen und den würzigen Bratensatz vom Boden losrühren. Den Wein auf die Hälfte reduzieren. Den Zucker und den Essig zugeben und unter Rühren sämig einkochen. Die Sauce über die Würste und das Gemüse ziehen und sofort servieren.

KNUSPRIGE ENTENBRUST & PAK CHOI MIT CHILI-KNOBLAUCH-KONFETTI

Falls Fleisch übrig bleibt, stecke ich es mit Gurkenstückchen und Frühlingszwiebeln in warme Tortillas.

FÜR 6 PERSONEN

1 gehäufter EL gemahlener Ingwer
2 gehäufte EL Fünf-Gewürze-Pulver (Asia-Laden)
1 TL edelsüßes Paprikapulver
2 EL Olivenöl
1 TL Sesamöl
4 EL dunkle Sojasauce
4 EL Ahornsirup
6 Entenbrüste

Für den Pak Choi

Pflanzenöl zum Braten
7 Knoblauchzehen, 4 in dünne Scheiben geschnitten, 3 gehackt
2 rote Chilischoten (Samen entfernt, falls Sie es nicht so scharf mögen), schräg in Streifen geschnitten
500 g junger Pak Choi
2 EL Geflügelfond
2 EL helle Sojasauce
1 TL Sesamöl
1 TL Zucker

In der Kunst des Entenbratens sind die Chinesen unerreicht – ihre drastische Methode, Luft zwischen Haut und Fleisch zu pumpen, die Vögel einzuweichen und dann hängend zu trocknen, ergibt einen perfekten Braten mit knuspriger Kruste. Diese Version liefert ebenfalls eine krachende Kruste und saftiges, wildähnliches Fleisch – bei weit weniger Aufwand.

Den Ofen auf 200 °C vorheizen. Den Ingwer, das Fünf-Gewürze-Pulver und den Paprika in einer Schüssel mit beiden Ölen, der Sojasauce und dem Ahornsirup verrühren.

Die Haut der Entenbrüste mit einem scharfen Messer kreuzweise einritzen, jedoch nicht in das Fleisch schneiden. Eine große Pfanne sehr heiß werden lassen und die Brüste mit der Haut nach unten 3 Minuten anbraten, um einen Teil des Fettes auszulassen. Herausheben und das Fett weggießen. Die Brüste mit der Haut nach oben wieder einlegen, mit der Hälfte der Marinade bestreichen und weitere 3 Minuten anbraten. Auf einem Rost in eine Bratenpfanne legen, erneut bestreichen und im Ofen von jeder Seite 5 Minuten braten, dabei weiter regelmäßig mit der Marinade überziehen.

Für den Pak Choi in einen Wok einen Zentimeter hoch Öl eingießen, die Knoblauchscheiben und den Chili darin goldbraun rösten und auf Küchenpapier abtropfen lassen. Das Öl bis auf etwa drei Esslöffel weggießen und den gehackten Knoblauch hineingeben. Sobald er goldgelb ist und duftet, den Pak Choi zufügen und 1 Minute pfannenrühren, bis die Blätter zusammengefallen, die Stiele aber noch knackig sind. Den Geflügelfond, die Sojasauce, das Sesamöl und den Zucker zugeben und noch 1 Minute weitergaren. Den gerösteten Knoblauch und Chili hineinstreuen.

Die Entenbrüste aus dem Ofen nehmen und 5 Minuten ruhen lassen. In Scheiben schneiden und auf einem Bett aus Pak Choi servieren.

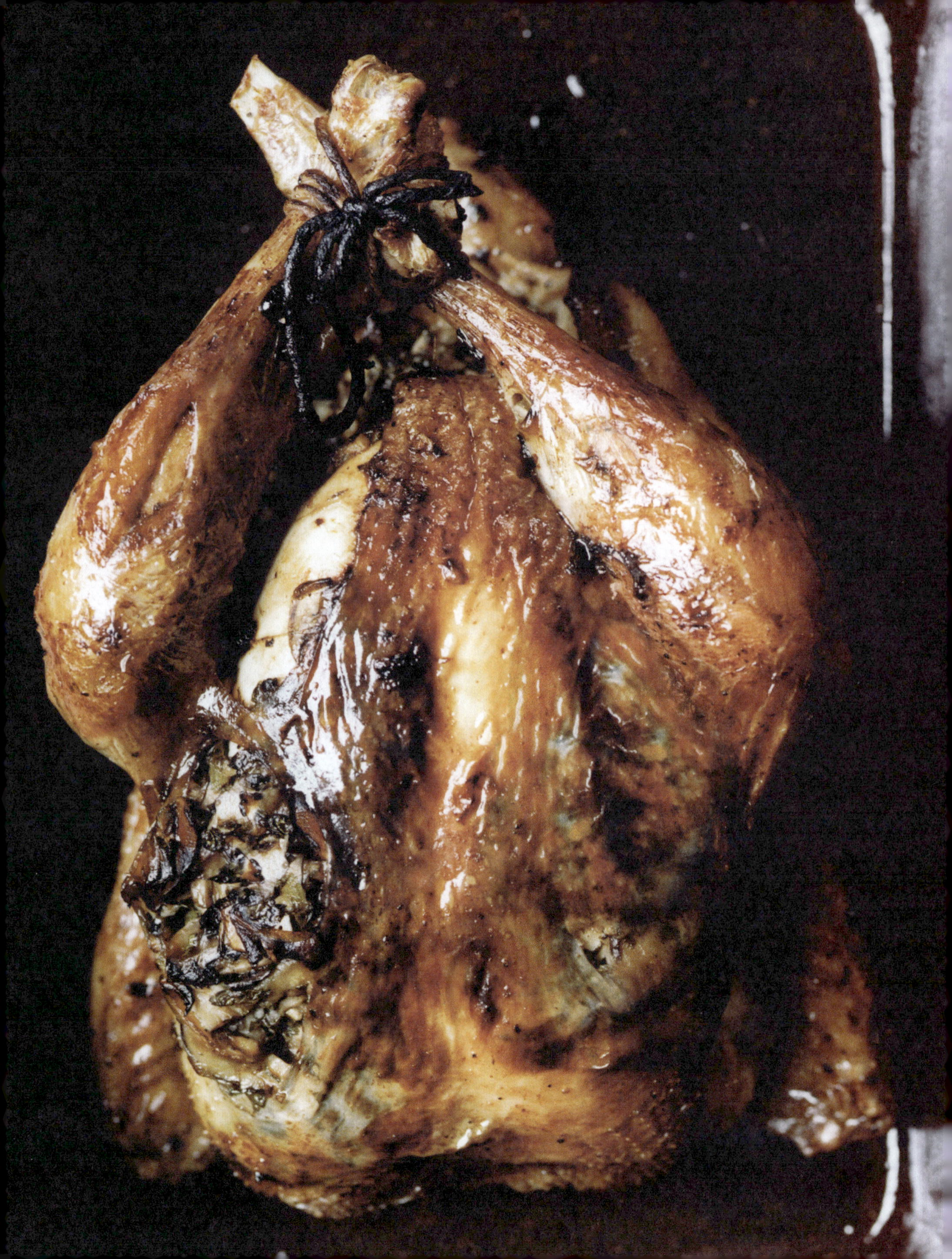

GEBRATENES KNOBLAUCHHUHN
MIT KORIANDER-PILZ-FÜLLUNG

Ein perfekt gebratenes Hähnchen ist mehr als eine simple schmackhafte Mahlzeit, es ist ein Prachtstück, das jede Tafel ziert.

Der nussbraune Vogel mit seiner knusprigen Haut, die knistert und raschelt wie ein Taftkleid, und seinem butterweichen Fleisch ist ein mundwässernder Anblick für Ihre Gäste. War es ein glückliches Biohuhn, genügt etwas Salz und Pfeffer, um es in einen Leckerbissen zu verwandeln, doch ich liebe die Füllung aus aromatischen Pilzen, frischer Zitrone und duftendem Koriandergrün.

FÜR 4 PERSONEN

1 großes Brathähnchen von etwa 2 kg
Olivenöl oder 1 EL weiche Butter, zum Bestreichen

Für die Füllung
1 ganze Knoblauchknolle, geschält und gehackt
250 g gemischte Pilze, klein geschnitten
1 große Handvoll gehacktes Koriandergrün
100 g weiche Butter
Abgeriebene Schale und Saft von 1 unbehandelten Zitrone
Meersalz und frisch gemahlener schwarzer Pfeffer
1 unbehandelte Zitrone, halbiert

Den Ofen auf 190 °C vorheizen. Das Huhn von innen und außen waschen und mit Küchenpapier abtrocknen. Die Haut auf der Brust durch behutsames Massieren lockern, dann mit den Fingern vorsichtig unter die Haut fahren, um sie vom Fleisch zu lösen, jedoch nicht zerreißen. Das Huhn von innen und außen kräftig salzen und pfeffern und rundherum großzügig mit Olivenöl oder Butter einreiben.

Für die Füllung den Knoblauch mit den Pilzen, dem Koriandergrün sowie der Schale und dem Saft der Zitrone vermengen und mit Salz und Pfeffer würzen. Möglichst viel Füllung behutsam unter die abgelöste Haut schieben – so bleibt das Brustfleisch schön saftig – und den Rest mit den Zitronenhälften in die Bauchhöhle stecken.

Das Hähnchen mit der Brust nach unten in eine Bratenpfanne legen und 30 Minuten im Ofen garen. Aus dem Ofen nehmen, vorsichtig umdrehen und die Brust mit dem Bratensaft überziehen. Weitere 35 Minuten braten. Den Vogel zuerst auf die Brust zu legen, hat den Vorteil, dass das austretende Unterhautfett am Rückgrat nach unten fließt und dabei das Brustfleisch beständig benetzt, sodass es saftig bleibt.

Das Knoblauchhuhn 10–15 Minuten ruhen lassen, tranchieren und mit einer Riesenportion Bratkartoffeln servieren.

HÄHNCHENCURRY
MIT STERNANIS & NETZPFANNKUCHEN

Ich liebe die Küche Malaysias – sie ist ein Schmelztiegel von Einflüssen aus allen Winkeln Asiens.

FÜR 6 PERSONEN

1 gehäufter EL *ghee* oder 3 EL Pflanzenöl
2 große rote Zwiebeln, in dünne Halbmonde geschnitten
1 TL Kreuzkümmelsamen
6 Knoblauchzehen, grob gehackt
2 rote Chilischoten (Samen entfernt, falls Sie es nicht so scharf mögen), grob gehackt
7,5 cm Ingwer, geschält und grob gehackt
Meersalz
1 Stückchen Stangenzimt
1 Stängel Curryblätter (siehe Seite 183)
3 EL mildes oder mittelscharfes Madras-Currypulver
2 Sternanis
1 Dose (400 g) gehackte Tomaten
1 Dose (400 ml) Kokosmilch
400 ml Wasser
3 kleine bis mittelgroße Kartoffeln, geviertelt
8 Hähnchenschenkel, Haut abgezogen
Saft von 1 Limette

Für die Netzpfannkuchen – ergibt etwa 12 Stück
250 g Mehl
1 TL Meersalz
1/2 TL Kurkuma
2 große Eier, verquirlt
250 ml Voll- oder fettarme Milch
250 ml Kondensmilch

Dieses indisch-malaysische Curry ist mein absoluter Favorit. Es haucht jedem noch so faden Hähnchenfleisch Leben ein. Sie können Ihr eigenes Currypulver mischen, doch milder bis mittelscharfer Madras-Curry erledigt die Arbeit tadellos. Stippen Sie die würzige Currysauce mit den delikaten Netzpfannkuchen auf. Sie sehen wie ein grobmaschiges Spitzendeckchen oder ein gotisches Spinnennetz aus und werden gern auf malaysischen Hochzeiten serviert. Das Backen ist so einfach wie bei anderen Pfannkuchen, ohne das gefährliche Wenden.

In einem großen Topf das *ghee* oder Öl erhitzen (Sie können Pflanzenöl verwenden, mit *ghee* aber wird die Sauce besonders samten). Die Zwiebeln und den Kreuzkümmel darin goldbraun anbraten. Inzwischen den Knoblauch, Chili und Ingwer im Mixer zu einer Paste zermahlen. Die Paste mit etwas Salz, dem Zimt, den Curryblättern, dem Currypulver und dem Sternanis zu den Zwiebeln in den Topf geben und etwa 3 Minuten anrösten, bis die Gewürze einen köstlichen Duft verströmen. Die Tomaten zufügen, 3–4 Minuten garen und dann die Kokosmilch und das Wasser hinzugießen. Die Sauce zum Kochen bringen und 3 Minuten köcheln lassen. Die Kartoffeln und die Hähnchenschenkel hineingeben, erneut aufkochen und zugedeckt bei schwacher Hitze etwa 25 Minuten garen, bis das Fleisch zart ist. Vom Herd nehmen und kurz vor dem Servieren den Limettensaft unterrühren.

Für die Pfannkuchen das Mehl, das Salz und die Kurkuma in eine große Schüssel sieben. In einer zweiten Schüssel die Eier, die Milch und die Kondensmilch verrühren und dann langsam unter Rühren in das Mehl gießen, bis ein cremiger, glatter Teig entstanden ist.

Eine beschichtete Pfanne leicht einölen und erhitzen. Füllen Sie Ihren Pfannkuchenteig in eine dieser billigen Ketchup-Quetschflaschen, wie man sie in Imbissbuden verwendet. Mit der Flasche Teiglinien und -kringel auf den Pfannenboden spritzen, sodass ein netzähnliches Muster entsteht, und in 2 Minuten goldbraun backen. Den Pfannkuchen wie einen Crêpe zweimal zusammenfalten oder aufrollen. Die Pfannkuchen werden nur von einer Seite gebacken, im Innern sollten sie nur eben gestockt sein. Sämtlichen Teig in dieser Weise zu Pfannkuchen verarbeiten. Mit dem Curry servieren.

ÜBERBACKENE DILLCRÊPES
MIT GEMÜSE, SCHAFSKÄSE & BECHAMELSAUCE

Ich stehe auf Crêpes – für mich sehen sie aus wie essbare Mulltücher mit feinen Spitzen am Rand. Ein ebenso einfaches wie wohlschmeckendes Vergnügen.

FÜR 4–6 PERSONEN

Für den Crêpeteig
150 g Mehl
150 ml Vollmilch
150 ml Wasser
3 große Eier
2 EL Butter, zerlassen und abgekühlt
Meersalz
3 EL fein gehackter Dill
Butter zum Backen

Für die Bechamelsauce
450 ml Vollmilch
1 Zwiebel, gespickt mit 6 Nelken
1 Lorbeerblatt
12 Pfefferkörner
1 Lamelle Muskatblüte
50 g Butter
25 g Mehl
Meersalz und frisch gemahlener schwarzer Pfeffer
Muskatnuss, frisch gerieben

Darum ist es eine Schande, dass Crêpes abgesehen vom Faschingsdienstag in der britischen Küche kaum einmal auftauchen. Ich bin verrückt nach den hauchdünnen Pfannkuchen, egal ob süß oder salzig, denn sie bieten so viel mehr Möglichkeiten als die legendären Crêpes Suzette. Man kann sie zum Frühstück, zum Lunch oder zum Abendessen servieren und von jetzt auf gleich auf den Tisch zaubern, als hätten die Zutaten im Schrank nur auf den Startschuss gewartet. Diese gefüllte Version ist meine Alternative zur vegetarischen Lasagne.

Für den Crêpeteig das Mehl, die Milch, das Wasser, die Eier, die Butter und das Salz in eine Schüssel geben und mit dem elektrischen Handmixer 30 Sekunden verrühren. Den Dill unterrühren und den Teig 30 Minuten kalt stellen.

Eine beschichtete Pfanne mit 15–18 Zentimeter Durchmesser auf mittlerer Stufe erhitzen. Den Pfannenboden mit etwas Butter einfetten und, sobald die Pfanne heiß ist, jedoch nicht raucht, von der Kochstelle nehmen. Den Teig noch einmal kurz durchrühren, eine kleine Kelle voll in die Pfanne gießen und durch rasches Neigen und Kreisen der Pfanne gleichmäßig verlaufen lassen. Wieder auf den Herd stellen, den Crêpe mit einem Spatel rundherum vom Rand lösen und 1 Minute backen, bis die Oberfläche nahezu gestockt ist. Den Crêpe mit dem Spatel oder locker aus dem Handgelenk, wenn Sie sich trauen, wenden und kurz von der anderen Seite fertig backen. Auf einen Teller gleiten lassen. Den restlichen Teig in gleicher Weise verarbeiten und den Pfannenboden bei Bedarf mit weiterer Butter einfetten.

Den Ofen auf 180 °C vorheizen. Für die Sauce die Milch, die Zwiebel, das Lorbeerblatt, die Pfefferkörner und die Muskatblüte in einem Topf vermengen, bei mittlerer Hitze unter ständigem Rühren zum Kochen bringen und 5 Minuten köcheln lassen. Die Milch durch ein Sieb gießen, die festen Bestandteile wegwerfen.

Den Topf auswaschen und die Butter darin bei schwacher Hitze zerlassen; aufpassen, dass sie nicht braun wird. Nach und nach das Mehl einstreuen und dabei mit einem Holzlöffel energisch rühren, bis sich eine dicke, glänzende Mehlschwitze gebildet hat. Nach und nach die Milch zugießen und ständig weiterrühren, damit sich keine Klumpen bilden. Zum Kochen bringen und 5 Minuten garen, bis das Mehl gebunden hat. Mit Salz, Pfeffer und Muskatnuss abschmecken.

Die Füllung ist kinderleicht – das Olivenöl in einer Pfanne erhitzen, die Zwiebel, den Knoblauch, die Pilze und den Brokkoli zugeben und sautieren, bis die Zwiebel weich ist und die Pilze Farbe zu nehmen beginnen. Als nächstes die Oliven und die Artischockenherzen hinzufügen, würzen und die Worcestersauce unterrühren.

Jeweils drei Esslöffel der Füllung auf den Crêpes verteilen, mit Schafskäse bestreuen und aufrollen. Mit dem Saum nach unten nebeneinander dicht an dicht in eine flache Auflaufform, in die sie gerade nebeneinander hineinpassen, legen und mit der Bechamelsauce übergießen. Mit dem Parmesan bestreuen und im Ofen in 25 Minuten goldbraun überbacken.

Für die Füllung

1 EL Olivenöl
1 rote Zwiebel, in Streifen geschnitten
2 Knoblauchzehen, gehackt
250 g Champignons, halbiert
150 g Brokkoli, in kleine Röschen zerteilt
20 Kalamata-Oliven
300 g Artischockenherzen in Olivenöl aus dem Glas
2 EL Worcestersauce
150 g Schafskäse (Feta), zerkrümelt
50 g Parmesan, frisch gerieben, zum Bestreuen

AUBERGINENWICKEL MIT ZIEGENKÄSE & BASILIKUM

An diesen leichten, erfrischenden Päckchen werden vor allem die Vegetarier unter Ihren Gästen ihre helle Freude haben.

Sie sehen schön aus und schmecken nach Urlaub am Mittelmeer. Für einen italienischen Touch nehmen Sie Büffelmozzarella statt Ziegenkäse.

FÜR 4 PERSONEN

2 große Auberginen, Blüten- und Stielansatz entfernt
8 große Basilikumblätter, plus Basilikum zu Garnieren
2 Eiertomaten, in je mindestens 8 Scheiben geschnitten (ohne die Enden)
1 rote Paprikaschote, geröstet, enthäutet und in 8 Streifen geschnitten
225 g Ziegenfrischkäse, in 8 Scheiben geschnitten
Meersalz und frisch gemahlener schwarzer Pfeffer
Olivenöl zum Braten

Für das Dressing

4 EL Olivenöl
1 EL frisches Pesto (siehe Seite 40)
1 EL Zitronensaft

Die Auberginen längs in fünf Millimeter dünne Scheiben schneiden. Die Endstücke wegwerfen. Sie benötigen insgesamt 16 Scheiben.

In einem großen Topf Wasser zum Kochen bringen und die Auberginen darin 2–3 Minuten blanchieren. Abtropfen lassen, mit Küchenpapier oder einem Tuch trockentupfen und möglichst viel überschüssiges Wasser ausdrücken, ohne die Scheiben zu zerreißen.

Eine Auberginenscheibe auf das Arbeitsbrett legen und eine zweite quer, im rechten Winkel über die Mitte legen, sodass ein Kreuz entsteht. In der Mitte ein Basilikumblatt, eine Tomatenscheibe, einen Paprikastreifen und eine Scheibe Ziegenkäse übereinanderschichten, die Füllung würzen und die vier Enden der Auberginenscheiben darüberfalten. Auf diese Weise acht Päckchen füllen und falten. In einer Pfanne etwas Olivenöl erhitzen, die Päckchen einlegen und von beiden Seiten braten, bis sie goldbraun und durchgegart sind – etwa 5–6 Minuten.

Sämtliche Zutaten für das Dressing verrühren. Die Auberginenwickel mit dem Dressing überziehen, mit Basilikum garnieren und sofort servieren.

FRITTIERTE REISBÄLLCHEN MIT WILDPILZEN

Früher habe ich diese faustgroßen Reisbälle zubereitet, um Risottoreste zu verwerten, doch sie schmecken so gut, dass die Mühe lohnt, extra einen Risotto dafür zu kochen. Das kleinere, etwa golfballgroße Format ist ein idealer Appetizer.

FÜR 6 PERSONEN

30 g getrocknete Steinpilze
500 ml kochendes Wasser
30 g Butter
200 g Wildpilze
350–400 ml Hühner- oder Gemüsebrühe
1 kleine Zwiebel, gehackt
2 Knoblauchzehen, gehackt
Abgeriebene Schale von 1 unbehandelten Zitrone
350 g Risottoreis (z. B. Arborio)
150 ml Weißwein
50 g Parmesan, frisch gerieben
1 Handvoll glatte Petersilie, gehackt
4 Eier
100 g Panko (siehe Seite 80) oder Semmelbrösel
Olivenöl zum Braten
Frisch gemahlener schwarzer Pfeffer

Zum Servieren

Romesco-Sauce (siehe Seite 247)
Rucolasalat

Die Steinpilze 5 Minuten in dem heißen Wasser einweichen. Abgießen, die Flüssigkeit auffangen und die Pilze grob hacken. Etwa ein Drittel der Butter in einer Pfanne aufschäumen und die Wildpilze darin goldbraun sautieren. Die Steinpilze zugeben und weitere 2 Minuten braten. Beiseitestellen.

Die Einweichflüssigkeit mit soviel Hühner- oder Gemüsebrühe auffüllen, dass man 800 Milliliter erhält, in einem Topf erhitzen und knapp unter dem Siedepunkt halten.

Die restliche Butter in einem Topf auf kleiner Stufe erhitzen und die Zwiebel darin glasig schwitzen. Den Knoblauch und die Zitronenschale zugeben, nach 2 Minuten den Reis einstreuen und bei mittlerer Hitze anschwitzen, bis er glasig wird. Den Wein zugießen, fast vollständig verkochen lassen und dann unter ständigem Rühren nach und nach die heiße Brühe einarbeiten. Vor jeder weiteren Kelle rühren, bis der Reis die Flüssigkeit vollständig absorbiert hat. Mit der letzten Kelle die Pilze und eine kräftige Prise Pfeffer zugeben. Sobald die Flüssigkeit aufgesogen ist, den Parmesan und die Petersilie unterrühren und den Risotto abkühlen lassen.

Den Ofen auf 180 °C vorheizen. Zwei Eier verquirlen und unter den Risotto ziehen; 10 Minuten ruhen lassen.

Die restlichen Eier in einer flachen Schale verschlagen und die Semmelbrösel auf einen Teller streuen. Aus dem Risotto kompakte, tennisballgroße Kugeln formen, in das verquirlte Ei tauchen und panieren. Insgesamt sollten Sie zwölf Reisbälle erhalten.

Jeweils drei Reisbälle in Olivenöl rundherum goldbraun anbraten. Auf ein Backblech legen und in 15 Minuten im Ofen fertig garen. Mit Romesco-Sauce und Rucolasalat servieren.

BLUMENKOHL NACH ART DER MANDSCHUREI

Aus Blumenkohl lässt sich viel mehr zaubern als ihn zu überbacken. Versuchen Sie es mit diesem indisch-chinesisch inspirierten Curry.

FÜR 6 PERSONEN

Erdnussöl zum Braten und Frittieren (siehe Hinweis Seite 12)
1 mittelgroßer Blumenkohl, in kleine Röschen zerteilt
75 g Sesam
Reis zum Servieren

Für den Teig

3 EL Maisstärke
150 g Mehl
4 Knoblauchzehen, grob gehackt
2 grüne Chilischoten (Samen nach Belieben entfernt), grob gehackt
5 cm Ingwer, geschält und grob gehackt
1/4 TL rotes Chilipulver
Meersalz
1 TL Fünf-Gewürze-Pulver (Asia-Laden)

Für die Sauce

2 EL Erdnussöl
Je 1 grüne und rote Paprikaschote, von den Samen befreit und grob gehackt
3 Knoblauchzehen, gehackt
1 rote Zwiebel, grob gehackt
5 Frühlingszwiebeln, grob gehackt
5 EL Tomatenketchup
2 EL helle Sojasauce
1 EL Zucker
Saft von 1/2 Zitrone
1 TL Reisessig
1 1/2 EL *sambal oelek* (indonesische Würzsauce) oder Chilisauce
1 TL Fünf-Gewürze-Pulver

Wenn ich Gäste erwarte, bereite ich den Blumenkohl und die Sauce im Voraus zu. Die frittierten Röschen einfach im 180 °C heißen Ofen wieder erhitzen und die Sauce auf dem Herd erwärmen.

Für den Backteig die Maisstärke und das Mehl in eine Schüssel sieben. Den Knoblauch, Chili und Ingwer im Mixer zu einer Paste zermahlen und unter das Mehl mengen. Das Chilipulver, etwas Salz und das Fünf-Gewürze-Pulver zugeben und ebenfalls untermischen. So viel Wasser unterrühren, dass ein zähflüssiger Teig entsteht.

In einem Topf ausreichend Erdnussöl sehr heiß werden lassen und dann den Herd auf mittlere Temperatur stellen. Die Blumenkohlröschen in den Backteig tauchen, in dem Sesam wenden und goldbraun frittieren. Auf Küchenpapier abtropfen lassen.

Für die Sauce in einer Pfanne das Erdnussöl erhitzen und die Paprika, den Knoblauch und beide Zwiebelsorten darin 3 Minuten pfannenrühren. Den Ketchup, die Sojasauce, den Zucker, den Zitronensaft, den Reisessig, das *sambal oelek* und das Fünf-Gewürze-Pulver zugeben, gut umrühren und kurz aufkochen. Die Sauce über den Blumenkohl ziehen und mit Reis servieren.

GESTÜRZTE ANANASKÜCHLEIN

Die sonnengelben Strahlen der Ananas, das schrille Leuchten einer kitschigen Cocktailkirsche, die keck funkelt wie die Brustwarze einer Stripperin, und die wärmende Würze des Biskuits sind eine Kombination, die der Desserthimmel schickt.

ERGIBT 8 STÜCK

65 g feinster Zucker
125 ml Wasser
8 Ananasringe
8 Cocktailkirschen
200 ml Pflanzenöl
175 g heller, feiner Rohrohrzucker
4 Eier
1 TL Vanilleextrakt
Abgeriebene Schale von 1 unbehandelten Limette
¼ TL Meersalz
1 Prise gemahlener Zimt
75 g feiner Grieß
2 TL Backpulver
125 g gemahlene Mandeln
Honig, Vanilleeis oder Vanillesauce zum Servieren

Den Ofen auf 170 °C vorheizen und acht Auflaufförmchen mit 250 Milliliter Volumen mit Backpapier auskleiden.

In einem Topf mit schwerem Boden den Zucker in dem Wasser bei mäßiger Hitze unter Rühren auflösen und dann zu einem goldbraunen Karamell kochen. Auf die vorbereiteten Formen verteilen und behutsam je einen Ananasring einlegen. In der Mitte jedes Rings eine Cocktailkirsche platzieren.

In einer Schüssel das Öl, den Rohrzucker, die Eier, den Vanilleextrakt, die Limettenschale und das Salz verrühren. Den Zimt, den Grieß, das Backpulver und die Mandeln zugeben und gründlich untermischen. Den Teig in die Formen gießen, 25 Minuten im Ofen backen und 10–15 Minuten ruhen lassen.

Die Küchlein auf Teller stürzen und, mit Honig beträufelt, mit einer Kugel Vanilleeis oder mit Vanillesauce servieren – entscheiden Sie selbst.

MARGARITA-SIRUP-KUCHEN

Sie schämen sich immer noch wegen des peinlichen Auftritts letztes Jahr im Urlaub nach der einen Margarita zu viel? Hier ist eine gefahrlose Methode, eine Margarita zu mixen – mit Kuchenteig.

FÜR 8 PERSONEN

125 g weiche Butter
150 g Zucker
250 g Joghurt
2 EL Tequila
3 Eier, getrennt
Abgeriebene Schale von
1 unbehandelten Limette
100 g Mehl
100 g feiner Grieß
2 TL Backpulver
50 g gemahlene Mandeln

Für den Sirup

75 g feiner Zucker
Saft und abgeriebene Schale
von ½ unbehandelten
Limette
1 EL Wasser
4 TL Tequila
2 TL Orangenlikör
(z. B. Cointreau)

Den Ofen auf 180 °C vorheizen und eine runde Backform von 20 Zentimeter Durchmesser mit Backpapier auskleiden.

Die Butter und den Zucker hellgelb und cremig rühren. Den Joghurt, den Tequila, die Eigelbe und die Limettenschale zugeben und alles zu einer glatten Masse verschlagen. Das Mehl, den Grieß und das Backpulver zusammen hineinsieben und gründlich einarbeiten. Zuletzt die gemahlenen Mandeln unterziehen.

In einer zweiten Schüssel die Eiweiße steif schlagen, bis sich weiche Spitzen bilden. Den Eischnee mit einem Metalllöffel oder Schneebesen vorsichtig unter den Teig heben, ohne dass er wieder in sich zusammenfällt. Den Teig in die Form füllen und im Ofen 50 Minuten backen, bis der Kuchen goldgelb und durchgegart ist.

Für den Sirup in einem Topf den Zucker, den Saft und die Schale der Limette und das Wasser bei schwacher Hitze verrühren, bis sich der Zucker aufgelöst hat. Vom Herd nehmen und den Tequila und den Orangenlikör unterrühren.

Den Kuchen über die gesamte Oberfläche mit einem Spieß einstechen, mit dem Sirup tränken und durchziehen lassen. Nach Belieben mit etwas flüssiger Sahne beträufeln, mit einem Limettenscheibchen garnieren und servieren.

BISKUITROLLE MIT SOMMERLICHEM BEEREN-TRIFLE IN ROSÉGELEE

Bei Trifles gerate ich ins Schwärmen wie ein kleines Mädchen – die vielen Schichten aus schaumiger Creme, kalter Vanillesauce und wackelndem Gelee lassen mich immer an Hochzeitskleider denken.

Ich bin nicht wählerisch bei Trifles – ich esse sie auch aus der Packung, garniert mit Tütencreme und Schokosplittern und löffel anstandslos eine in Sherry ertränkte Portion aus Omas Kristallschüssel. Wären Trifles aber wirklich Brautkleider, dann wäre dieses von Vera Wang.

FÜR 8–10 PERSONEN

1 große Schokoladenbiskuitrolle

Für das Gelee
175 g feinster Zucker
350 ml Rosé-Sekt
500 g tiefgefrorene Beeren, z. B. Himbeeren und Brombeeren
5 Blatt Gelatine

Für die Vanillesauce
6 Eigelb von großen Eiern
150 g feinster Zucker
300 ml Sahne
300 ml Vollmilch
1 Vanilleschote, aufgeschlitzt

Für die Garnitur
300 ml Sahne
1 EL feinster Zucker
150 g Himbeeren
150 g Brombeeren
30 g geröstete Mandelblättchen

Mit dem Gelee beginnen. In einem Topf den Zucker in 200 Millilitern Sekt bei mittlerer Hitze unter Rühren auflösen. Die Beeren zugeben und bei schwacher Hitze 3–4 Minuten köcheln lassen; vom Herd nehmen.

Inzwischen die Gelatine 5 Minuten in kaltem Wasser einweichen. Gut ausdrücken und unter das warme Gelee rühren, bis sie sich aufgelöst hat. Die Mischung in eine Glasschüssel füllen und mit dem restlichen Sekt auffüllen. Abkühlen lassen und 4–6 Stunden oder über Nacht in den Kühlschrank stellen.

Für die Vanillesauce die Eigelbe und den Zucker verschlagen. Die Sahne und die Milch mit der Vanilleschote bis knapp unter den Siedepunkt erhitzen. Durch ein Sieb in die Eigelb-Zucker-Masse gießen und gründlich verrühren. Abkühlen lassen und kalt stellen.

Die Biskuitrolle in Scheiben schneiden und eine große Servierschüssel aus Glas dekorativ damit auslegen. Das Beerengelee auf ein Brett stürzen, mit einem scharfen Messer würfeln und über die Biskuitscheiben in die Schüssel häufen. Mit der abgekühlten Vanillesauce übergießen und erneut kalt stellen.

Für die Garnitur die Sahne mit dem Zucker steif schlagen, bis sich weiche Spitzen bilden und das Trifle mit hübschen Sahnetupfern verzieren. Mit den frischen Beeren garnieren und mit den gerösteten Mandeln bestreuen.

WEISSE SCHOKOLADENMOUSSE
MIT KARDAMOM & PISTAZIENKROKANT

Könnte man Liebe mit dem Löffel essen, dann wäre sie wie weiße Schokoladenmousse: vollkommen, blütenweiß, wohltuend und zart.

FÜR 6–8 PERSONEN

Für den Pistazienkrokant
50 g geschälte Pistazienkerne, grob gehackt
100 g Zucker
5 EL Wasser

Für die Mousse
300 ml Sahne
6 grüne Kardamomkapseln, zerstoßen
250 g weiße Schokolade
3 Eiweiß

Die süße, schaumige Mousse lässt Sie dahinschmelzen, der feurige Kardamom bringt Ihr Herz zum Rasen, der knusprige Pistazienkrokant begleitet Sie durch dick und dünn – und selbst wenn Ihnen die Leere des Dessertschälchens das Herz bricht, Sie können ja jederzeit nachfüllen.

Ein Backblech mit Backpapier belegen und die Pistazien darauf in einer Schicht verteilen. Den Zucker und das Wasser erhitzen und unter ständigem Rühren zu einem bernsteinfarbenen Karamell kochen. Den Karamell sofort vom Herd nehmen und in einer dünnen Schicht über die Pistazien gießen.

Die Sahne in einem Topf mit dem Kardamom verrühren und bei niedriger Temperatur erhitzen. Kurz bevor die Mischung aufwallt, vom Herd nehmen und abkühlen lassen.

Die Schokolade in einer Schüssel behutsam im heißen Wasserbad erwärmen, bis sie geschmolzen ist und glänzt. Aus dem Wasserbad heben und durch ein Sieb die Sahne hineingießen, beides verrühren. In einer weiteren Schüssel die Eiweiße steif schlagen, bis sich feste Spitzen bilden. Den Eischnee sorgfältig, aber behutsam unter die Schokolade ziehen. Die Mousse in eine große Schüssel oder in sechs bis acht Dessertschalen füllen und mindestens 3 Stunden im Kühlschrank fest werden lassen.

Sobald die Mousse gestockt ist, den Pistazienkrokant in grobe Stücke brechen. In jede Portion einen Krokantsplitter stecken und servieren.

APFELKUCHEN MIT KARAMELL UND MANDELSTREUSELN

Karamell zieht immer, ob als Popcornüberzug, als süßer Pudding oder als sahniger Bonbon in goldenem Papier, zugesteckt von der Oma – er verführt, denn er weckt Erinnerungen.

FÜR 8 PERSONEN

Für den Teig
175 g Mehl, plus Mehl zum Bestauben
1 kräftige Prise Salz
50 g gemahlene Mandeln
3 EL Puderzucker
Abgeriebene Schale von 1 unbehandelten Zitrone
100 g kalte Butter
2 Eigelb
1 EL Vollmilch

Für die Mandelstreusel
75 g Butter
100 g Mehl
½ TL gemahlener Zimt
65 g brauner Zucker
50 g gemahlene Mandeln
30 g geröstete Mandelblättchen

Für die Füllung
1 Dose Karamellcreme
2 große Kochäpfel, geschält, vom Kerngehäuse befreit und in feine Scheiben geschnitten

Laden Sie mit diesem nach Kirmes schmeckenden Kuchen zu einem Kindheits-Revival. Nur sollte dieses Mal keiner einen wackeligen Zahn in dem Karamell verlieren.

Für den Teig das Mehl, das Salz, die Mandeln, den Puderzucker, die Zitronenschale und die Butter zu einer krümeligen Mischung verrühren – Sie können das per Hand oder in der Küchenmaschine erledigen. Die Eigelbe und die Milch einarbeiten. Den Teig zu einer Kugel formen und 1 Stunde kalt stellen – so wird er schön mürbe und krümelig.

Den Teig auf der leicht bemehlten Arbeitsfläche ausrollen und eine 26-Zentimeter-Tarteform damit auslegen. Die Ränder begradigen und den Teig 1 weitere Stunde kalt stellen.

Den Ofen auf 180 °C vorheizen und den Teig darin 15 Minuten blindbacken. Inzwischen die Streusel zubereiten, das geht wirklich einfach. Die Butter cremig rühren, das Mehl und den Zimt zugeben und alles zu einer krümeligen Mischung verarbeiten. Den Zucker sowie die gemahlenen und die gerösteten Mandeln sorgfältig untermischen. Nicht nötig, irgendwelche Klümpchen zu zerdrücken, sie machen die Streusel nur besser.

Den blindgebackenen Teigboden mit dem Karamell bestreichen, mit den Apfelscheiben belegen und weitere 20 Minuten backen. Der Karamell sollte Blasen schlagen. Die Mandelstreusel über dem Kuchen verteilen, die Ofentemperatur einen Tick höher stellen und den Kuchen noch einmal 20 Minuten backen.

Den Kuchen großzügig in Stücke schneiden und mit Vanilleeis servieren.

Danksagung

Ich habe vielen Menschen für dieses Buch zu danken. Zuallererst möchte ich meine wundervolle Familie würdigen – Mum, deine Geduld, deine Liebe und deine Weisheit sind ein Geschenk. Danke, Daddy, für deinen unstillbaren Appetit, Neues auszuprobieren – deine esslustige Neugier hat meinen kulinarischen Horizont von klein auf enorm erweitert. Auch meinen großen Schwestern schulde ich Dank, Jazz Rehal, Rasphal Nyotta und Charon Chawla – ich bin nur der verlängerte Arm von euch allen und dieses Buch ist Ausdruck all dessen, was ich von euch gelernt habe – eure Unterstützung und Fürsorge war vorbehaltlos. Meinem wunderbaren Bruder Harpreet, der Tag für Tag das Gute, das Schlechte und selbst das völlig Misslungene auf meinem Speisezettel mit Begeisterung probiert hat – dafür liebe ich dich. Und meiner Großmutter – deine Geschichten und Märchen haben meiner Seele und Fantasie Flügel verliehen. Auch allen anderen im weiteren Kreis unserer großen Familie bin ich dankbar – Schwagern, Nichten, Neffen, Tanten, Onkeln, Cousins und Cousinen – euch alle verehre ich.

Meiner geliebten Freundin Heather Whyley – du bist für mich noch immer eine Quelle der Inspiration und Magie – und dafür liebe ich dich. Auch an Shazia Ejaz und Sarita Bhatia – dankbare Küsse, dass ihr mich von Beginn an unterstützt habt.

Aus tiefstem Herzen möchte ich Felicity Blunt danken, die dieses Buch wie ein zartes Pflänzchen liebevoll gehegt hat – unter deiner fürsorglichen Pflege und großzügigen Bewässerung mit Wodka ist es erblüht. Danke für deinen Glauben an mich vom ersten zarten Setzling an und für deinen Einsatz, der immer weit über das Nötige hinausging. Dieses Buch wäre ohne dich nicht möglich gewesen. Großen Dank an Jacqui Drewe und alle von Curtis Brown für die Gewährung einer Auszeit, wann immer ich sie brauchte.

Aufrichtigen Dank an alle, die hart für dieses Buch gearbeitet haben, darunter die großartige Carole Tonkinson – ein Segen, dass ich dich hatte –, du bist aus dem Holz geschnitzt, von dem Autoren träumen. An Katy Carrington – dein Enthusiasmus, deine Energie und deine Arbeitseinstellung, selbst wenn dich die Schwangerschaftsübelkeit plagte, waren vorbildlich. Jacqui Caulton – Superwoman –, danke für die Vernachlässigung der Hausarbeit zugunsten vieler Extrastunden an diesem Buch und für den fantastischen Job!

Jason Lowe – ein Genie. Deine außergewöhnlichen Fotos erzählen das, was ich nicht in Worte zu fassen wusste. Die ebenso sagenhafte Cynthia Inions – dein dir eigener empfindsamer Zauber hat jeden Tag bereichert und deine einnehmende Art und dein Witz haben uns alle angesteckt. Die wunderbare Lori de Mori – ich danke dir für deine Zuneigung und Weisheit –, ohne dich hätte ich es nicht geschafft. Danke auch an die liebe Celine, die dafür Sorge trug, dass wir in der Küche alle bei gesundem Verstand blieben.

An die fabelhaften Gordon Ramsay und Pat Llewellyn – ich bin voller Dankbarkeit für eure ausgezeichnete Starthilfe. Danke, dass ihr an mich geglaubt habt.

Ein großes Dankeschön auch an Jill Wanless und Ali Hall, dass ihr mir so viele Möglichkeiten gegeben habt, und für all das, was ihr mir über den Leser beigebracht habt. Euer Einfluss war enorm.

Dank gebührt auch einer ganzen Reihe großartiger Menschen für die Bereitstellung des Küchenzubehörs, vor allem Kitchen Aid, Kenwood und Argos – dank eurer Großzügigkeit konnten meine Rezepte Gestalt annehmen! Auch den kreativen Schuh-Künstlern, Szenenbildnern und Modefans, deren Talent die Seiten dieses Buches ziert – Christian Louboutin, Rupert Sanderson, Olivia Morris, Terry de Havilland, Strutt Couture, www.featherfashion.com und www.start-london.com – ohne euch wäre ich Haut und Knochen. Lucy Wood – du bist ein schlaues »Kerlchen« –, danke für so manches Mode-Highlight. Danke an die großartige Lucy Martin von URPR für so manche glückliche Stunde bei Urban Retreat.

Schließlich möchte ich jenem anderen aufrichtig danken, dessen Gegenwart in meinem Leben in guten wie in schlechten Zeiten eine verlässliche Größe ist. Du bist ein ständiger Segen. Ich gehöre zu dir.

Register